oasis

Cómo encontrar la paz en una vida agitada

MILLIE GRENOUGH

Título original: *Oasis in the Overwhelm: 60 Second Strategies*
Traducción: Rosa María Fernández Valiñas

Diseño de portada: Vivian Cecilia González García
Imagen de portada: © TOPIC PHOTO AGENCY IN / Photostock
Caricatura adaptada de © Ashleigh Brilliant, utilizada con permiso del propietario.
Fotografías: © Joy Bush. All rights reserved / Derechos reservados
Fotografía de la autora en solapa: Harold Shapiro

© 2005, Millie Grenough
Publicado mediante acuerdo con GRENOUGH LLC y Millie Grenough, Connecticut, Estados Unidos.
Original English language edition published by Beaver Hill Press, an imprint of Ludyco International, U.S.A.
www.beaverhillpress.com
All rights reserved.

Derechos reservados

© 2010, Editorial Planeta Mexicana, S.A. de C.V.
Bajo el sello editorial DIANA M.R.
Avenida Presidente Masarik núm. 111, 2o. piso
Colonia Chapultepec Morales
C.P. 11570 México, D.F.
www.editorialplaneta.com.mx

Primera edición: noviembre de 2010
ISBN: 978-607-07-0567-0

Las historias presentadas en esta obra son casos de la vida real, los nombres han sido cambiados para mantener la privacidad de las personas.
Una parte de las ganancias de las ventas de esta obra serán donadas por la autora a *Veterans for Peace Organization*.

Este libro, se presenta sólo como una obra de referencia. La información contenida en éste de ninguna manera debe ser considerada un sustituto de la asesoría, decisiones o juicios que el médico del lector u otro profesional emitan. Los autores y el editor expresamente renuncian a asumir responsabilidad por posibles efectos adversos derivados del uso o aplicación de la información aquí contenida.

Impreso en los talleres de Litográfica Ingramex, S.A. de C.V.
Centeno núm. 162, colonia Granjas Esmeralda, México, D.F.
Impreso y hecho en México – *Printed and made in Mexico*

"No puedes detener las olas
pero puedes aprender a surfear".

Jon Kabat-Zinn, doctor en filosofía

Contenido

Prólogo

TRAS UN ACCIDENTE QUE ME PUSO AL BORDE DE LA MUERTE y que casi me separó de mi ocupada vida, supe que si quería sobrevivir tenía que cambiar mi acelerado ritmo.

Busqué formas de encontrar un equilibrio, de encontrar puntos de tranquilidad en el caos, dosis de cordura en medio de la locura y la típica y tradicional comodidad en tiempos difíciles.

Descubrí cuatro estrategias que podía llevar a cabo de forma rápida y sencilla. Funcionaron en ese momento. Todavía siguen funcionando.

Aunque no me atribuyo la invención de esas estrategias –que son una combinación de sentido común y sabiduría que aprendí de otras personas– desarrollé un sistema de instrucción que te permitirá incorporarlas fácilmente a tu vida diaria.

Mi regreso a la vida cotidiana, tras el accidente, me impulsó a poner estos conocimientos en un paquete práctico, una especie de botiquín de cordura para mí misma y para los demás.

Lo que hace únicas las Estrategias de OASIS es que en verdad cada una toma sólo un minuto y realmente logran una diferencia, un cambio.

Mis colegas y clientes que utilizan estas estrategias de *60-segundos* me animaron a escribir este libro para ayudar a los lectores como tú a tener su propio oasis.

Mi única meta es ofrecerte herramientas fáciles de utilizar para ayudarte a mantener, encontrar o recuperar tu equilibrio personal en este cosmos acelerado y no siempre predecible.

Te animo a que te tomes unos cuantos minutos para refrescar y equilibrar tu salud integral: física, intelectual, emocional y espiritual. Esto no sólo te hará sentirte más dichoso; hará que el mundo donde vivimos sea un lugar más feliz y más sano.

Cómo sacar el mayor provecho
a este libro

Si ERES EL TIPO DE PERSONA a la que le gusta conocer información de referencia sobre un tema y saber más del autor antes de aventurarte,

> comienza leyendo primero las "palabras clave" y los capítulos 1 y 2 completos. Ahí encontrarás el significado de las palabras importantes de OASIS. También descubrirás lo que me llevó a un paro inesperado de mi ocupada vida y me inspiró a desarrollar las Estrategias.

Si PREFIERES PREPARARTE DE FORMA GRADUAL antes de entrar en acción,

> comienza por el Capítulo 3, "Tu historia: preparación personal". Este capítulo te enseñará a relajarte y prepararte antes de sumergirte en las Estrategias.

Si TE GUSTA ENTRAR EN ACCIÓN inmediatamente,

> comienza en el Capítulo 4, "OASIS: estrategias de 60 segundos". Aprende esas estrategias una a una y ponte a practicarlas. Si lo deseas, lee las secciones de este capítulo que te proporcionan los an-

tecedentes y te informan cómo las están utilizando otras personas. Después lee los demás capítulos para fortalecer tus razones y continuar usándolas.

SI QUIERES SABER CUÁN INMERSO ESTÁS en los problemas, antes de empezar,

lee las estadísticas sobre el estrés en el Capítulo 5, "Mantenerse a flote en tiempos difíciles". Estas estadísticas pueden ilustrarte y/o atemorizarte. Espero que te animes a tomarte unos cuantos minutos *ahora* para cambiar el curso de su vida.

SI ERES DE LOS QUE NECESITA un respaldo científico para entrar en acción,

dirígete a la sección "Buenas noticias: nuestros cerebros son moldeables" en el Capítulo 5. Particularmente recomiendo esta sección a quienes son escépticos a cualquier cosa que parezca "empalagosa". Por lo general, a los ingenieros y ejecutivos con personalidad tipo A los dirijo a esta información; los nuevos descubrimientos en la investigación del cerebro los intrigan y motivan.

Cualquiera que sea la forma como utilices OASIS, recuerda que la mejor –de hecho, la única forma– de que funcione es usar este libro como una guía de comportamiento.

Hazlo.

Te prometo que:

- puedes aprender las cuatro estrategias de OASIS en una hora o menos,
- puedes usarlas inmediatamente en tu vida diaria, en el trabajo y en casa,
- lograrás una diferencia positiva en tu vida, y
- las personas que te rodean se alegrarán de que las estés usando.

Palabras clave

LAS PALABRAS COMO LOCURA Y CORDURA se usan en nuestras conversaciones diarias, sin que muchas veces las reconsideremos. Las derivaciones de éstas pueden mejorar tu entendimiento mientras te preparas para usar las cuatro Estrategias de OASIS.

Incluyo aquí cuatro palabras que encontrarás a lo largo del libro: *equilibrio*, *oasis*, *agobio* y *estrategia*. En lo referente a otras palabras clave, espero que OASIS te anime a alimentar la neuroplasticidad de tu cerebro para que ésta te proporcione tanto cordura como refugio cuando la locura amenace con agobiarte.

agobiar Latín [*ad*], a, y [*gibbus*]. Inclinar la parte superior del cuerpo hacia la tierra. Agobio*. Sofocación, angustia sensación de desasosiego, preocupación.

equilibrio Latín [*aequilibrium*], peso que es igual a otro y lo contrarresta; armonía entre elementos contrastantes, opuestos o en interacción

cordura Latín [*sanitas*], salud: de [*sanus*], sano,

---

*Animada por mi clienta, Kathy, uso "agobio" como sustantivo en este libro.

completo; 1. capacidad de anticipar o valorar el efecto de las propias acciones; 2. condición de estar libre de daño o enfermedad: saludable

estrategia Griego [*strategia*], dirección; 1. el arte de concebir planes o estratagemas para lograr una meta

loco, ca Portugués [*louco*] romper. Poco sólido, de poco jucio, imprudente, trastornado. *Locura*. Gran desacierto

neuroplasticidad Griego [*neuro*], nervio, tendón + [*plassein*], moldear, dar forma; 1. la capacidad del cerebro para desarrollarse durante toda la vida

oasis Latín tardío del griego [*oasis*], lugar fértil; originalmente en copto: tierra fértil en el desierto de Libia; 1. lugar fértil del desierto donde puede encontrarse agua; 2. un lugar de refugio o un tiempo de refugio

refugio Latín [*refugium*]: [re-] regreso, y [*fugere*], huir: 1. resguardo del peligro o aflicción; 2. lugar seguro

Capítulo 1

El agobio

"ME GUSTARÍA HACERLO pero no tengo el tiempo ni la energía".

"Me encantaría tomar las cosas con más calma pero tengo una personalidad tipo A. Siento que si me detengo, perderé mi empuje".

"Ni siquiera puedo ponerme al corriente".

"Mi vida… Mi escritorio… Mis hijos… Mi armario… Mi peso… Mi salud… Mis finanzas… El mundo… todo está hecho un desastre, y ya no sé ni por dónde empezar. Y, ¿sabes qué? Creo que está empeorando".

¿Te suena familiar?

Durante más de tres décadas he escuchado este tipo de quejas de la gente inteligente y ocupada con la que trabajo.

Últimamente noto algo diferente. Las mujeres y los hombres que entran por la puerta de mi oficina traen un malestar profundo –un aumento de prisa en su actitud– que no estaba presente hace unos años.

Están buscando alguna clase de equilibrio en un mundo que cada vez está más patas arriba. Buscan un refugio. Como dice Kathy, quien está a punto de cumplir cincuenta años:

"Hay demasiadas cosas con las que lidiar. Estoy abrumada".

Nuestro tiempo es intenso y turbulento. Y, gracias a la sofisticación de nuestros medios de comunicación, tenemos colores, sonidos y detalles inmediatos frente a nosotros todos los días. Los titulares, triviales o profundos, compiten por nuestra atención. Promesas engañosas como: "Abdomen firme en seis días" o "Pierda 20 kilos en dos semanas", compiten con noticias espeluznantes de crímenes en el vecindario. Veinticuatro horas al día la televisión nos muestra maneras cada vez más espectaculares para calmar nuestra inquietud: "Compre la casa de sus sueños sin enganche" y "Visite lugares exóticos que sólo ha visto en las revistas de viajes", acompañan a noticias sobre los más recientes ataques terroristas en esos mismos parajes exóticos.

La ciencia médica anuncia increíbles avances, aunque esos descubrimientos suelen dejarnos más confundidos sobre si será seguro o peligroso tomar el nuevo medicamento. Las revistas mensuales promueven aparatos de moda para hacer el trabajo más eficiente. Los compramos y nos complicamos aún más tratando de hacerlos funcionar.

Hasta los niños en edad escolar están bajo mucha presión. Cuando, por fin, pude encontrar a mi sobrina de trece años para hacer una cita con ella, me dijo:

"Ni esta semana, ni la que sigue, Mil. Tengo ocupadas todas las tardes después de la escuela. Y además, ya tengo completos los fines de semana. ¿Qué te parece una semana después?"

¿Cuándo tomamos un descanso?

¡Ah, sí!, las vacaciones. Pero nos preguntamos si llegaremos sin problemas y si el lugar será seguro. Cuando finalmente llegamos, por lo general nos sentimos indispuestos los primeros días porque nos atiborramos de actividades para prepararnos para el asueto. A la mitad de las vacaciones empezamos a preocuparnos por todo lo que tendremos que hacer cuando regresemos. O ya estamos intentando arreglarlo. Después de la temporada de impuestos del año pasado, mi contador Ron se fue a Key West una semana para alejarse de todo. Dijo que no pudo relajarse porque todas las otras personas que estaban alrededor de la alberca estaban pegadas a sus computadoras portátiles o a sus teléfonos celulares.

Parece no importar la edad, el sexo o la profesión, si se es el dueño de la empresa o un empleado, retirado o en busca de trabajo, si hay hijos o no, si se tiene una relación importante o no, si se tiene mucho o poco dinero. Seas ejecutivo de una empresa, ejecutivo de tu familia o ejecutivo de tu propia vida, vivimos tiempos difíciles. Y no se están volviendo más fáciles.

Las presiones externas y nuestras propias expectativas se multiplican mientras que el tiempo y la energía disponibles para lidiar con los altibajos de la vida siguen disminuyendo. Sucesos sobre los que no tenemos control –la violencia, el terrorismo, el medio ambiente, la economía– nos atrapan en su torbellino. Nuestra capacidad de manejar estas realidades parece ser aún más esquiva.

Denme refugio

¿TE GUSTARÍA ENCONTRAR UNA FORMA de mantenerte CUERDO en medio de toda la ansiedad? No estás solo. Muchos de nosotros, yo incluida, no estamos completamente felices con la manera en que usamos los preciosos momentos de nuestras vidas. Allison, una respetada profesora universitaria de unos treinta y tantos años, me contó:

"Me gustaría sentirme mejor con mis logros. Solía encantarme lo que hago, pero estoy perdiendo el entusiasmo. Casi nunca estoy satisfecha. Siento que siempre estoy lidiando con los detalles, persiguiendo algo que no existe. No quiero llegar a los cincuenta, mirar hacia atrás y decir: 'Caramba, ¿por qué no reconocí y disfruté todo lo que había logrado en ese entonces?'".

Mark, un ingeniero de cuarenta y cinco años, me dijo:

"Finalmente estoy donde quiero estar profesionalmente. El único problema es que con todas las presiones que tengo en el trabajo, no puedo dedicarles mucho tiempo a mis hijos. Ya son adolescentes. Mi trabajo y mi familia son muy importantes. No encuentro la manera de compaginar las dos cosas. Además, estoy muy preocupado por cómo será el mundo cuando mis hijos crezcan".

Patti, una madre trabajadora, me dijo suspirando:

"En la mañana, cuando los gemelos están como locos y mi marido necesita algo y yo todavía no estoy lista para irme a trabajar, me siento a punto de explotar. Tengo demasiadas cosas por las que preocuparme. La salud de mi madre se está deteriorando. Mi marido no sabe si tendrá trabajo el próximo mes. Y mis hijos tienen pesadillas sobre terroristas llegando a nuestro vecindario. Además tengo problemas para dormir, por lo que me cuesta trabajo concentrarme en el trabajo".

Cuando le pregunté a Patti cómo estaba la relación entre ella y su marido, me contestó:

"¡Ah!, esa es otra presión. Él quiere sexo. ¿Quién tiene tiempo o energía para eso?"

Más ansiedad, menos control

EN ESTOS DÍAS DE UNA MAYOR PRESIÓN, nuestros sistemas están en un estado constante de alerta sin que ni siquiera nos demos cuenta.

El doctor Robert M. Sapolsky, en su libro *Por qué las cebras no tienen úlceras*, nos explica que los animales utilizan sus respuestas al estrés provocado por el peligro mucho mejor que la mayoría de los seres humanos. En vez de encender y apagar nuestras respuestas al estrés según sea necesario, los seres humanos nos conectamos a ellas con una frecuencia extravagante: cuando estamos sentados llenos de frustración en medio del tráfico, cuando nos preocupamos por los gastos, reflexionando sobre las relaciones tensas con los colegas o hasta cuando tratamos de encontrar una moneda que se nos cayó en el piso del auto. Sapolsky dice que si no podemos *encender* una respuesta al estrés cuando es necesaria –como lo hacen los animales mientras huyen de un león hambriento– estamos en problemas. Pero además,

"Si *enciendes* repetidamente la respuesta al estrés o si no eres capaz de *apagar* la respuesta de forma adecuada al final de un suceso estresante, con el tiempo esa respuesta puede volverse casi tan dañina como algunos de los mismos acontecimientos que la provocan".[1]

Los médicos expertos dicen que hoy en día vivimos en "un estado crónico de alerta intensificada acompañado de un aumento en la sensación de desamparo".[2] Dicho de forma sencilla, nuestras vidas son más complejas y nuestro mundo menos predecible y más peligroso de lo que era. Como respuesta a este estado de las cosas, nuestras respuestas al estrés se están volviendo locas. Como comenta Sapolsky:

"Si tu presión sanguínea aumenta a 180/120 cuando estás escapando de un león, te estás adaptando, pero si sube a 180/120 cada vez que ves el desorden en la habitación de tu hijo adolescente, puedes estar encaminándote a un desastre cardiovascular".[3]

Ya sea el cuarto desordenado de un adolescente o el último ataque terrorista, siempre hay algo de qué preocuparse, siempre hay algo que debemos

[1] Robert M. Sapolsky, *Why Zebras Don't Get Ulcers: An Updated Guide to Stress, Stress-Related Diseases, and Coping* (Por qué las cebras no tienen úlceras: Guía actualizada sobre el estrés, enfermedades relacionadas con el estrés y cómo lidiar con éste) [Nueva York: W.H. Freeman & Co., 1998]: 16.

[2] Dr. Afton Hassett y Leonard Sigal, Robert Wood Johnson Medical School, citado en "Our Bodies, Our Fears" (Nuestros cuerpos, nuestros miedos) de Geoffrey Cowley, *Newsweek* (24 de febrero, 2002): 44.

[3] Sapolsky: 13

terminar antes de poder descansar. No nos permitimos un tiempo libre o una sensación de desahogo; siempre hay un enemigo o enfermedad contra el que tenemos que estar en guardia.

No podemos esperar hasta el viernes en la tarde o hasta las vacaciones, hasta que se colme la copa de vino, hasta que tengamos la casa nueva o que los hijos adolescentes se muden, hasta que nos retiremos, hasta que rebasemos a nuestro competidor o acabemos con nuestro último enemigo. Siempre estamos esperando una serie de sucesos que finalmente nos proporcionarán algo de alivio. Y la gran mayoría de las veces ese alivio es muy fugaz.

Ésa es la mala noticia.

Pero hay esperanza

LA BUENA NOTICIA ES QUE NO tenemos por qué quedarnos estancados en la mala noticia.

Los más recientes estudios sobre la neuroplasticidad del cerebro indican que tenemos *el poder de cambiar nuestros cerebros*. Y cuando cambiamos nuestros cerebros, literalmente podemos elevar o disminuir el total de nuestra salud y de nuestra felicidad.

Interesantes hallazgos recientes afirman que, sin importar cuál sea nuestra edad, tenemos una gran capacidad de influenciar la forma en que funciona nuestro cerebro. Los perros jóvenes y viejos *pueden* aprender nuevos trucos, nuevas estrategias. Los trucos que decidamos utilizar lograrán una diferencia dramática en cómo nos sentimos.

Precisamente, diseñé las Estrategias de OASIS para redirigir tu cerebro hacia una mejor salud, hacia una mayor felicidad.

Suena bien, pero...

PODRÍAS PREGUNTARME:

"¿Tendré que cambiar mi estilo de vida radicalmente?"

"¿Cuánto me costará?"

"¿Qué equipo voy a necesitar?"

"¿Cuántas horas a la semana tendré que dedicarle a esto?"

No hay de qué preocuparse. No tienes que renunciar a tu trabajo, inscribirte en un gimnasio, ni retirarte a un monasterio. No necesitas equipo extravagante. Sólo te necesitas a ti mismo, este pequeño libro y, para la cuarta estrategia, una piedra lisa te servirá o cualquier objeto reconfortante.

¿No tienes el tiempo suficiente?

HOY EN DÍA NADIE TIENE SUFICIENTE. Si mi padre que murió hace muchos años hubiera escuchado la expresión "24/7" durante su vida, habría pensado que era un laxante o tal vez algo para mantener funcionando su Ford. Al final de su largo día de trabajo, papá solía relajarse en la terraza. Y casi todos los domingos nos llevaba junto con un montón de niños del vecindario al parque Shawnee, donde podíamos ver las tierras de cultivo de Indiana desde nuestro lado del río Ohio en Louisville. Él se sentaba junto al río mientras nosotros subíamos y bajábamos por las colinas.

El *tempo* se ha hecho más rápido desde la época de mi padre. Los horarios son más apretados. Las responsabilidades parecen nunca tener fin. Mis Estrategias de OASIS reconocen esa realidad. Las he moldeado para las personas a las que no les sobra el tiempo.

- Puedes aprender las Estrategias en menos de una hora.
- Se puede usar cada una de las cuatro Estrategias en 60 segundos.

Si no puedes hacerte ese espacio por ti y por tu paz mental, mejor deja de leer ahora mismo.

Sólo un minuto.

De verdad.

Eso es todo lo que te tomará.

Sobre ese 24/7, mi amiga Jane dice:

"Claro que todos tenemos vidas 24/7. No hay duda de ello. La pregunta real es: ¿cómo quieres que sean esas veinticuatro horas y siete días?"

Tú decides.

Capítulo 2

Mi historia: por qué escribí este libro

AL IGUAL QUE MUCHOS DE MIS CLIENTES Y COLEGAS, soy ambiciosa y tengo ciertas pretensiones. Y, como muchas personas que conozco, soy bastante terca. Hizo falta un accidente en el que casi pierdo la vida para alterar mi acelerada rutina diaria.

Me pasé las primeras décadas de mi vida entre tres continentes. Crecí como la quinta de siete hijos de una familia de la clase trabajadora de Kentucky. Los vecinos se referían a nuestra casa como "la de las puertas batientes". Nuestra casa, con un solo baño, de alguna forma se las arreglaba para acomodar las estancias cortas y largas de una gran variedad de parientes enfermos, niños de los vecinos que buscaban compañía y estudiantes de otros países. Los que más me intrigaban eran los visitantes de América Latina y Asia. Ansiaba saber más sobre lo que los motivaba.

Al mes de graduarme en la universidad, recuerdo estar de pie en el patio preguntándome:

"A ver, Mil, qué decides: ¿dos años para John F. Kennedy y para Estados Unidos o toda tu vida para Dios y para el mundo entero?"

Me enfoqué en lo que en ese momento pensé era lo más alto, lo mejor. Las Hermanas de Maryknoll vencieron a los Cuerpos de Paz.

Mis ocho años como religiosa católica me enseñaron mucho sobre disciplina y sobre preocuparse por los demás. Y me llevaron a América Latina. Las experiencias ahí, con maravillosos y cariñosos mexicanos y panameños, bolivianos y peruanos, me abrieron para entender mi misión más plenamente. Me di cuenta de que no quería ser célibe toda mi vida y aprendí que quería encontrar una forma para que la música formara una mayor parte de la manera como me expresaba ante el mundo.

Dejé el convento y comencé una nueva vida en Estados Unidos. Encontré un profesor de violín, conseguí trabajo enseñando inglés a adultos de quince países diferentes y empecé a salir con hombres por primera vez en mi vida. Después me fui a Europa tres años a estudiar música, aprender más sobre otras culturas y probar nuevos métodos de enseñar inglés. Poco a poco, desapareció mi timidez. Cuando regresé a Estados Unidos, empecé a perseguir mis pasiones con más determinación. Me convertí en cantante de un centro nocturno, terapeuta de mente y cuerpo, autora premiada y presentadora de talleres internacionales.

Durante ese tiempo hice un viaje a Nicaragua, aprendí las canciones latinas más ingeniosas y conocí al hombre que se convertiría en mi esposo.

Las cosas caminaban bien y estaba contenta. Me casé con ese dulce hombre, en el proceso semi heredé tres adolescentes vivarachos, abrí mi propio negocio y estaba lista para terminar una nueva versión de mi serie de audio libros.

Probablemente decir que las cosas marchaban bien no sea la frase más precisa. Más bien iba corriendo a una velocidad de vértigo.

Detente

UNA PRECIOSA MAÑANA DE DOMINGO DE JULIO, mi amigo Joe me llamó para invitarme a dar un paseo en bicicleta. Como siempre, ya tenía cinco eventos haciendo cola para ese día, pero pensé: "¿Qué más da? Es un día precioso. Puedo hacer un huequito".

Subí mi bicicleta de diez velocidades en mi Camry y fui a encontrarme con Joe en un lugar precioso para andar en bicicleta a una hora de New Haven. Compramos un sándwich en el mercado del pueblo de Deep River y salimos hacia el campo.

Mientras subíamos y bajábamos por las colinas, un pequeño bache me hizo detenerme de forma súbita hasta inmovilizarme. Me tiró por encima del manubrio, caí sobre el pavimento y quedé inconsciente en medio de un camino rural.

Mi compañero ciclista me contó después:

"Durante lo que me pareció mucho tiempo, no te moviste. Pensé que estabas muerta. Estaba aterrorizado. Después empezaste a convulsionar y te empezó a salir sangre por la boca. ¡Pensé que te ibas a quedar en estado vegetativo para toda la vida!"

No había ayuda cerca. No teníamos un teléfono celular. Finalmente, pasó una pareja en un auto. Fueron hasta el pueblo a pedir ayuda.

Un helicóptero de Life Star me llevó a la sala de emergencias del Hospital Yale-New Haven. Durante el viaje de sesenta y ocho kilómetros, recuperé conciencia una sola vez, el tiempo suficiente para escuchar el zumbido del aspa del helicóptero y para sentir las manos del paramédico meciendo mi cabeza. "Estás bien", recuerdo que pensaba mientras volvía a la inconsciencia.

Surrealista

DESPERTÉ BAJO LUCES BRILLANTES, SONIDOS muy fuertes… la sala de emergencias… muchas personas, todos extraños…

Me escuché a mí misma decir: "Mano… mano…", y después la inconsciencia. Otra vez luces y ruido. "Mano… mano…" No hubo respuesta. Inconsciente otra vez. Despierta… "Mano… Ojalá esta vez me escuchen".

Despierta… Hay una mujer joven de pie junto a mí. Algo toca mi mano… la chica sostiene mi mano… pero se siente raro… ¡Ah!… está usando guantes de hule. Me escucho a mí misma decir: "Piel… piel…" Inconsciente otra vez.

Los siguientes días los tengo muy borrosos. Recuerdo que entraba y salía del estado de conciencia frecuentemente. Recuerdo una mañana que noté seres de bata blanca con sujetapapeles alrededor de mi cama… Escuché decir al bata blanca que se veía con mayor autoridad: "Mujer, accidente en bicicleta, tres contusiones, ruptura renal".

Ésa debo ser yo… Miro hacia arriba… Nadie parece darse cuenta… Inconsciente otra vez… Tiempo después, está oscuro. Supongo que es de noche… Me despierta un movimiento cerca de mí… El movimiento se siente suave y suena una canción suave cerca… La suavidad está trapeando el piso, limpiando mi mesilla… Y después dice:

"¿Cómo te sientes, cariño?", y me quita el pelo de la frente con cuidado.

Rehabilitación exterior

DESPUÉS DE SALIR DEL HOSPITAL, continuó ese paso lento, surrealista; y yo no tenía opción. Durante las primeras semanas mi actividad más intensa era estar acostada en la hamaca. Poco a poco avancé hasta ver a las hormigas moverse bajo la mesa de picnic. Por primera vez en mucho tiempo tuve tiempo para reflexionar sobre preguntas realmente importantes:

¿Quién soy?
¿Para qué estoy aquí?

Los rododendros al lado derecho de la hamaca iban creciendo, muy despacio, de capullos cerrados a flores gloriosamente abiertas. Las preguntas danzaban a mi alrededor:

¿Quién soy realmente?

Y, ¿para qué diantres estoy en esta Tierra?

Mientras mis ojos seguían a las hormigas de la mesa de picnic moviéndose de manera tan deliberada, seguía considerando estas preguntas.

Comencé a jugar con estrategias que me regresaran la salud. El camino era lento, pero la dirección era la correcta.

Sabía que *iba* a mejorar. También sabía que cuando dejara la hamaca y regresara a la vida *normal*, me sentiría tentada a volver al carril de alta velocidad. Después de todo, las estampidas tienen su atractivo. Son emocionantes y parecen tener algún fin. Además de que hay muchos animales interesantes corriendo junto a mí. Me di cuenta de que podía volverme a dejar arrastrar fácilmente.

Los doctores, enfermeras y técnicos del hospital me habían cuidado excelentemente bien, si no, no estaría viva hoy en día. Estaba muy agradecida por su pericia. Pero algo faltaba en sus cuidados, algo de energía vital.

Recuerdo que durante esos primeros días surrealistas la única persona que me llamaba por mi nombre era un camillero. Se habrá fijado en el brazalete del hospital que portaba en la muñeca después de que me desmayé en la sala de rayos-X. Desperté con él diciéndome: "Mildred… Mildred…" Me estaba tomando la mano, sin guantes de hule. Recuerdo haber pensado, "Gracias a Dios. ¡Aquí hay un ser humano!", antes de volver a perder la conciencia.

Antes de mi accidente había trabajado en el departamento de salud mental del mismo hospital. Sabía lo que era manejar pacientes en crisis y después estar inundada de papeleo. Ahora que había estado del otro lado, me preguntaba: ¿se habían sentido mis pacientes tan invisibles como yo me sentía? ¿Había sido tan experta en mi trabajo, estaba tan enfocada en mi diagnóstico que no me había fijado en la cara de la persona que estaba sentada frente a mí?

Promesas

ANTES DE DEJAR LA HAMACA DE MI PATIO, me hice dos promesas:

1. Encontraría estrategias específicas para poder vivir una vida más sana, más balanceada.
2. Si esas estrategias me funcionaban, encontraría formas de compartirlas con mis agobiados colegas.

Me di cuenta de que necesitaría cosas prácticas para hacer todos los días, acciones que no interfirieran con mi vida, sino que pudieran hacerla más fácil y agradable. Quería ejercicios que mejoraran mi salud integral, que me ayudarán a ser más efectiva en mi trabajo, a quererme más a mí misma y a los demás. Busqué herramientas sencillas que me ayudaran a mantener mi balance, aunque las cosas estuvieran muy agitadas.

Comencé a experimentar. Me di cuenta de que si podía encontrar algunas técnicas que me funcionaran, tendría buenas posibilidades de que funcionaran para otras personas ocupadas y ambiciosas.

Decidí que cualquier técnica por la que me decidiera tendría que seguir los siguientes criterios:

✓ fácil de aprender
✓ sencilla y rápida de hacer
✓ sana médica y psicológicamente
✓ con efectos inmediatos y ofrecer beneficios a largo plazo
✓ dirigida al total, no sólo hacia un aspecto de la salud (por salud integral me refiero a la salud física, intelectual, emocional y espiritual)
✓ útil para personas de diferentes edades y estilos de vida
✓ barata, o gratuita de preferencia, y
✓ lo suficientemente divertida para que las personas que la hayan llevado a cabo, quieran volverla a realizar.

Además, para seguir las estrategias no necesitarían:

✓ inscribirse en un gimnasio o contratar a un entrenador personal
✓ hacer cambios importantes en la vida, por ejemplo, renunciar a un empleo, divorciarse, echar a los hijos de la casa, mudarse a Hawai.

Gradualmente, desarrollé cuatro estrategias que cumplían con esos criterios. Las Estrategias eran directas, prácticas y fáciles de llevar a cabo. Las utilicé. Funcionaron.

Cuando me recuperé, comencé a dirigir talleres llamados "Autoayuda para cuidadores". Si nosotros los proveedores de servicios no aprendíamos a cuidarnos, sabía que no les seríamos muy útiles a las personas de nuestro alrededor. Y que acabaríamos agotados.

Les enseñé las Estrategias a mis colegas: terapeutas, enfermeras hospitalarias, médicos. Funcionaron. Se corrió la voz. Empezaron a pedir el taller los gerentes de atención directa de refugios para indigentes, los educadores infantiles, abuelos que criaban nietos; comenzaron a usar las Estrategias y continuaron usándolas.

Tal vez porque estaba tan enfocada en mis colegas, me tomó algo de tiempo darme cuenta que los médicos profesionales no son los únicos que están agobiados. Un día, Ron, mi contador, me dijo:

"Millie, tu personal de servicios humanos no tiene el monopolio sobre esto. Nosotros, los hombres de negocios, queremos las mismas cosas que ustedes –la sensación de que estamos haciendo algo valioso por nuestros clientes, tiempo para nosotros mismos, tiempo de calidad con nuestras familias– cierto tipo de equilibrio".

Y añadió,

"Salimos al mundo a lidiar con la competencia y con asuntos fundamentales minuto a minuto. También necesitamos un descanso".

Ron y yo nos citamos para comer. Él se presentó con su socio, quien dijo que estaba "muy estresado". Antes de acabar el postre, les había enseñado dos de las Estrategias de OASIS. Las asimilaron y querían más.

Post-hamaca

YA LLEVO BASTANTE TIEMPO en el mundo real. Estoy haciendo lo más que puedo para cuidarme más. Y le he enseñado las Estrategias de 60-segundos a cientos de personas: ejecutivos y otros empresarios, abogados, operadores telefónicos, reos, atletas, estudiantes universitarios, decanos de facultades, niños de quinto de primaria, clérigos, niños de cinco años, padres, abuelos, artistas y vendedores.

Cuando estaba en el hospital recuperándome de mis lesiones en el cráneo, tenía una vaga noción de que mi cerebro y mi mente estaban funcionando de forma diferente que antes. Sin embargo, no tenía idea de los estudios simultáneos que estaban explorando las múltiples formas en las que cambia el cerebro, aun cuando éste no se ha visto afectado por un accidente.

Al presentar mis estrategias ante un público más amplio, aprendí más sobre descubrimientos en neuropsiquiatría e investigación cerebral.

Estaba muy emocionada con estos nuevos descubrimientos. Sabía que las experiencias diarias que tenía con mis clientes sobre el terreno estaban en sincronía con los descubrimientos de las investigaciones: las personas que utilizaban las Estrategias de forma regular estaban cambiando sus cerebros y sus cuerpos. Y al hacer esto, estaban mejorando su salud y su felicidad.

Me emocionaba que los nuevos descubrimientos le dieran un respaldo científico a mis técnicas. Comencé a incorporar las nuevas investigaciones sobre la neuroplasticidad del cerebro en mis talleres. Los escépticos quedaron convencidos. Los realistas inflexibles aprendieron las Estrategias y las utilizaron. Era la primera vez que encontraban acciones prácticas, eficientes, de un minuto, que podían cambiar sus vidas y que estaban respaldadas por investigaciones científicas.

Tras aprender las Estrategias de OASIS, el ejecutivo Nick me escribió:

"Quiero que sepa lo mucho que aprecio la diferencia que las Estrategias han provocado en mi vida. Utilizo esas herramientas a diario".

Jessica, mamá de-tiempo-completo, me dijo:

"Realmente nos ayudan a mi hijo y a mí a tranquilizarnos".

Después de un taller de Estrategias de 60 segundos, Sarah, vicepresidenta de operaciones de una gran organización no lucrativa, me escribió:

"Son muy útiles y, lo mejor de todo, fáciles de realizar. Son sugerencias que hasta los más ocupados podemos convertir en acciones".

Las Estrategias OASIS proporcionan una medicina rápida y práctica. Los participantes de los talleres me pedían descripciones escritas para poder pasárselas a sus compañeros de trabajo y familiares. Mis clientes y colegas me impulsaban a combinar mis Estrategias y las nuevas investigaciones sobre el cerebro en un libro práctico y fácil de leer que fuera útil para personas de todos los ámbitos sociales. *OASIS* es mi respuesta.

Capítulo 3

Tu historia: preparación personal

"EL FACTOR ESTRESANTE más poderoso –y más controlable– del mundo, es la mente humana".[4]

Entonces, ¿qué prefieres sentir: dolor o placer? En este mismo momento, ¿qué escoges? Si escogiste dolor, estás leyendo el libro equivocado. Si optaste por el placer, prepárate para mejorar tu equilibrio. Este capítulo te guiará por los tres pasos necesarios para prepararte para las Estrategias.

Un pequeño recordatorio: este es un libro de "hazlo tú mismo". Las Estrategias de OASIS pueden cambiar tu vida de forma dramática. Pero no esperes milagros a menos que tú mismo los hagas. Como dice un proverbio chino:

> Si me dices, lo olvidaré.
> Si me enseñas, tal vez lo recuerde.
> Si me incluyes, lo entenderé.

[4] M. Matteson y J. Ivacevich, *Controlling Work Stress* (Controlando el estrés en el trabajo), San Francisco: Jossey Bass, 1987.

Relajarse

BUSCA UN LUGAR CÓMODO PARA SENTARTE. Ten papel y pluma a mano. Prepárate para relajarte activamente. Si te relajas mejor quitándote los zapatos, quítatelos. Aflójate el cinturón. Relaja tu mente.

- Date la oportunidad de hacer unas cuantas respiraciones deliciosas, relajadas. Mientras inhalas, siente el aire entrar despacio por las fosas nasales. Deja que el aire encuentre su camino hacia la garganta, por el pecho y hacia el estómago. Siente cómo se expande tu estómago cuando entra el aire.

- Después, mientras expulsas el aire, siente cómo tu estómago se relaja, se afloja. Disfruta la sensación del aire flotando hacia afuera de tus fosas nasales. Fíjate cómo, cuando haces respiraciones conscientes, recuerdas que tienes cuerpo además de mente.

- Estira las piernas, los brazos, tu torso completo. Dale mucho espacio a tu columna. Gira la cabeza lentamente de izquierda a derecha. Deja que tus ojos observen lo que está a su alrededor. Después libérate de esa imagen.

- Regresa a tu respiración y al libro. Sincronízate con tu nuevo lugar de equilibrio.

Al hacer este pequeño repaso, te estás liberando de energía muerta y reajustando tu equilibrio.

Calentamiento

AHORA QUE TU MENTE Y TU CUERPO están más claros, estás listo para enfocar tu intención. Tómate un tiempo para preguntarte:

Pregunta #1:
En este preciso momento de mi vida, ¿cuáles son mis retos/problemas/factores estresantes más difíciles?

Señala tus realidades personales actuales. Incluye tu salud, tu trabajo, familia, estado financiero, tus ideas sobre el futuro. Haz que tus respuestas sean muy específicas, por ejemplo:

El doctor me dijo que mi presión arterial es muy alta.

Los rumores sobre recortes de personal me tienen preocupado, y ponen nerviosa a mi esposa.

Mi hijo tiene problemas en la escuela.

No tengo tiempo para hacer todo lo que tengo que hacer.

Mi fondo para el retiro se evaporó.

Estoy solo y no sé quién me cuidará cuando llegue a viejo.

No puedo controlar mi forma de comer/beber/gastar/postergar lo que tengo que hacer.

Escribe tus respuestas

_____

_____

_____

_____

Escribir tus problemas te ayudará a sacarlos de tu mente y ventilarlos.

Pregunta #2:
En este preciso momento de mi vida, ¿cuáles son mis principales preocupaciones "cósmicas"?

Incluye todo lo que esté fuera de tu familia y de tu trabajo. Piensa en tu vecindario, tu ciudad, tu país, el mundo. Se muy específico al pensar en este gran universo. Anota tus respuestas.

_____

_____

Si lo deseas, añade más cosas:

_____

_____

Una advertencia amistosa: mientras haces esto, puede parecerte que aumenta tu agitación. Recuerda: este proceso de clarificación no es el que está creando los problemas, solamente los identifica. Los factores estresantes no identificados logran absorber cantidades enormes de energía. Ya sea que estés consciente de ellos o no, los ruidos de fondo tienen un impacto importante en tu equilibrio y tu salud.

Al ir identificando las fuentes de tu malestar, consigues un mayor control sobre la estática de fondo. Es ponerse a sí mismo en el asiento del conductor, con respecto a los consumidores de energía.

Sumérgete

¿QUÉ QUIERES OBTENER de este libro?

Si dices:

"Quiero sentirme mejor", o

"Quiero estar más equilibrado",

no va a cambiar nada.

Se realista, más definido. Haz que tus intenciones sean más específicas, aunque parezcan pequeñas. Por ejemplo:

Quiero:

Desarrollar una rutina para iniciar mi día laboral con energía positiva.

Programar tres periodos de "tiempo para mí" durante la semana.

Decidir dos formas específicas para pasar más tiempo con mi familia.

Encontrar una manera tranquila de lidiar con el correo electrónico.
Sacudirme el hábito de llevarme los problemas a la cama.

Escribe dos o tres metas específicas. Si anotas tus metas claramente, aumentan mucho tus probabilidades de alcanzarlas.

_____

_____

Te felicito por realizar estos tres pasos. Al tomarte tiempo para relajarte, realizar un calentamiento y sumergirte, ya estás caminando hacia un equilibrio más sano.

Ya estás preparado para aprender la primera estrategia.

De ser posible, reserva una hora para dedicársela a tu entrenamiento para el equilibrio. Si no puedes tomarte una hora completa ahora, toma en cuenta que puedes aprender las Estrategias de una en una.

Tómate un tiempo para sumergirte en la primera Estrategia.

Capítulo 4

OASIS: estrategias de 60 segundos

"No puedes detener las olas
pero puedes aprender a surfear".[5]

POR MUCHO QUE LO INTENTES, no puedes detener el mundo. Hace dos mil quinientos años, el filósofo griego Heráclito lo definió así:

"Lo único permanente es el cambio".[6]

Heráclito vivía en el Mediterráneo, por lo que veía muchas olas. Como Jon Kabat-Zinn, el creador de la Clínica de Reducción del Estrés Basada en la Atención Consciente, de la Universidad de Massa-

[5] Jon Kabat-Zinn, fundador del Centro para la Medicina, Cuidado de la Salud y Sociedad Consciente de la Escuela de Medicina de la Universidad de Massachusetts (www.umassmed.edu/cfm). Vea también Kabat-Zinn, *Full Catastrophe Living: Using the Wisdom of Your Body and Mind to Face Stress, Pain, and Illness* (Viviendo en la completa catástrofe: Usando la sabiduría de tu cuerpo y mente para enfrentar el estrés, el dolor y la enfermedad), libro y casetes (Nueva York: Delta, 1990); y *Wherever You Go, There You Are: Mindfulness Meditation in Everyday Life* (A donde quiera que vayas, allí estarás: Meditación consciente para todos los días), libro y casetes (Nueva York: Hyperion, 1995).

[6] Heráclito, 540-480 a.C., también dijo: "Todo fluye, nada permanece… No se puede pisar dos veces el mismo río".

chusetts, él probablemente encontró una variedad de formas útiles de remontar las olas.

Las Estrategias de OASIS te ayudarán a navegar aun los cambios más difíciles de tu vida con mayor destreza. Puedes aprender a remontar tus crisis personales y cósmicas con mayor control, mayor facilidad.

Al usar las cuatro Estrategias, fortalecerás los cuatro campos de tu salud integral: física, intelectual, emocional y espiritual.

Éstas son las cuatro Estrategias clave:

> **4-D**
>
> **C-3-R**
>
> **Indicador-para-Hacer**
>
> **1 Piedra**

Necesitarás unos quince minutos para aprender cada Estrategia. Ojea este capítulo para que tengas una visión general de todas las Estrategias. Si estás ansioso por experimentar cada una de ellas de inmediato, puedes decidirte a leer sólo las "metas", "cómo hacerlo" y "beneficios" de cada Estrategia. Después puedes regresar para saber más sobre "¿quién lo hace?", "¿cuándo?", "¿por qué?" y "antecedentes".

Después de ojear el capítulo, estarás listo para experimentar con la primera Estrategia.

Fíjate bien: las investigaciones demuestran que por lo general sólo recordamos

el 10% de lo que leemos,

el 26% de lo que oímos,

el 30% de lo que vemos, y

el 50% de lo que vemos y oímos

Por otra parte, recordamos el 90% de lo que decimos mientras estamos realizando una actividad relacionada.[7] ¿Quién puede contradecir esta información?

Prepárate para realizar la primera Estrategia. Y pon manos a la obra. Repite en voz alta mientras la realizas. ¿Qué puedes perder?

---

[7] De Edgar Dale, "Cone of Learning", en *Audio-Visual Methods in Teaching* (Cono de aprendizaje, en Métodos audiovisuales para la enseñanza), 3a. edición (Austin, Texas: Holt, Rinehart y Winston, 1969).

4-D = Cuatro-Direcciones

Estira tu cuerpo

Metas

- Dar un descanso a tu cuerpo.
- Aclarar tu mente.

4-D es un regalo para tu ser completo. Respira conscientemente, y de inmediato:

- Relajas los músculos tensos.
- Aclaras el desorden mental.
- Obtienes un mayor panorama de tu situación inmediata.
- Reacomodas tus emociones.

Cómo realizar el 4-D

ASEGÚRATE DE TENER POR LO MENOS quince minutos sin interrupciones. Busca un lugar cómodo y privado. No tiene que ser suntuoso, sólo necesitas un lugar donde puedas estirarte mental y físicamente sin que te molesten.

Compromete este tiempo para contigo mismo. Asegúrate de que quieres cumplirlo. Cuando te tomas en serio, es más fácil que los demás hagan lo mismo.

- Apaga tu teléfono celular.
- Deja que la contestadora tome los mensajes del teléfono fijo.
- Si tienes cerca a tus compañeros de trabajo, niños o personas que viven contigo, pídeles que te permitan un tiempo a solas.
- Cuelga un letrero de "No molestar" en tu puerta.
- Aflójate el cinturón o cualquier otra cosa que pueda dificultar tu respiración.
- Si gustas, quítate los zapatos.

Lee las instrucciones de la Estrategia 4-D. Después coloca el libro donde puedas echarle un vistazo. Ahora:

- Ponte de pie.
- Exhala profundamente. Afloja los labios mientras liberas el aire lo más que puedas; deja que tus preocupaciones salgan con esa exhalación.
- Inhala despacio a través de la nariz. Mantén ese ritmo suave hacia dentro y hacia fuera mientras empiezas a poner atención al resto de tu cuerpo.
- Dale espacio a tu columna y tu cabeza para que se estiren con facilidad hacia el cielo. Imagina espacios holgados entre cada una de tus vértebras.
- Deja que tus brazos cuelguen flojos. Tus manos y dedos sueltos, libres.
- Permite que tu peso completo gravite. No necesitas cargar nada. Deja que la tierra te proporcione apoyo. Deja que la gravedad haga su trabajo.

Ahora que estás firmemente plantado, estás listo para realizar la estrategia 4-D.

1. Estira tus brazos y tu cuerpo entero hacia el techo, hacia el cielo, mientras dices la palabra *"¡Norte!"* con una voz alta y fuerte… Siente realmente cómo te estiras… Ahora exhala… Deja que salgan tus preocupaciones en una larga exhalación…

Ahora vuelve a realizar una exhalación... dale mucho espacio... Sigue estirándote, extendiéndote... Ahora afloja ese estiramiento.

2. Dobla tu cuerpo por la cintura... Deja que tu cabeza y la parte superior de tu torso caigan hacia el piso, hacia la tierra, mientras dices la palabra *"¡Sur!"* Baja hasta donde tu cuerpo te lo permita... Puedes doblar las rodillas ligeramente... Tómalo con calma... Deja que el peso de tu cabeza cuelgue... Exhala... Poco a poco regresa a la posición erecta, inhalando mientras lo haces.

3. Estira ambos brazos frente a ti. Extiende los dedos lo más lejos posible. Muévelos. Después gira los brazos y los dedos, junto con el torso completo, hacia el este. Di la palabra *"¡Este!"*...

   Deja que el sonido resuene mientras te estiras hacia el este. ¿Hasta dónde puedes estirar los brazos? ¿Cuán lejos en el horizonte puedes ver? Deja que la vista llegue a tus ojos. Si ves desorden, déjalo salir con la exhalación. Regresa al centro con los brazos todavía extendidos frente a ti.

4. Ahora gira los brazos, junto con el torso superior completo, hacia el oeste.

   Anuncia esa dirección: *"¡Oeste!"*, como si realmente fueras a alcanzar la costa Oeste... y después el océano y el cielo más allá de esa costa... Estírate con los hombros... los brazos... el torso completo, hasta los pies... Disfruta la capacidad de tu cuerpo de experimentar el mundo desde diferentes situaciones de ventaja. Regresa al centro. Siente que tus pies están firmes sobre el piso.

Eso es todo. Haz un par de respiraciones más y disfruta.

Cuando termines, quita el letrero de "No molestar". Estás listo para regresar a trabajar; con la actitud que escojas.

Beneficios de la Estrategia 4-D

¿SENCILLO, NO? ¿DEMASIADO SIMPLE para crear una diferencia?

Hazlo.

Te sorprenderá cómo esta herramienta de sesenta segundos aumenta tu efectividad, y tu cordura. Estirar el cuerpo con una intención clara puede reconducir tu fisiología, tus niveles de fatiga y tu perspectiva emocional.

Hay estudios que indican que el ejercicio, aunque sea una actividad tan básica como la 4-D puede:

- mejorar el estado de ánimo
- aumentar el flujo sanguíneo y enriquecer la salud cardiovascular
- mejorar la memoria
- aumentar la densidad ósea
- mejorar el sueño

- reducir el estrés
- mejorar la autoimagen
- hacer que el uso de la energía sea más eficiente
- incrementar el tono muscular y la relajación
- disminuir los marcadores biológicos de la edad. [8]

Nada mal para un estiramiento gratuito de un minuto.

¿Quién usa la 4-D?, ¿cuándo?, ¿por qué?

BRIAN, ARQUITECTO:

"Por lo general me sumerjo en la pantalla de la computadora y pierdo la noción del tiempo. Ahora pongo la alarma de mi reloj para que suene cada hora para recordarme que tome un descanso 4-D. Me pongo de pie, lo hago y regreso a la pantalla a diseñar. Me aclara las ideas".

Yolanda tiene un grupo de quince personas bajo su mando.

[8] Hay numerosos estudios que correlacionan la actividad física llevada a cabo con la conciencia adecuada, con una mejora en el bienestar físico y emocional. Ver: A.Byrne y D. Byrne, "The Effect of Exercise on Depression, Anxiety, and Other Mood States" (El efecto del ejercicio en la depresión, la ansiedad y otros cambios de humor), en el libro de William Bortz, *We Live Too Short and Die Too Long* (Vivimos muy poco y morimos mucho, Nueva York: Bantam, 1991); y *Harvard Medical School Health Information Bulletin* (Boletín Informativo sobre salud de la Escuela Médica de Harvard, Invierno de 2003): 2.1, y *Johns Hopkins Medical Letter* (Febrero de 2003): 6, para obtener mayores descripciones.

"Suelo iniciar mis juntas con una Estrategia 4-D que nos despierte. Nos saca de la rutina. Algunas veces, cuando otras personas dirigen la Estrategia 4-D, añaden sus propios toques personales. A Laura le gusta viajar; en vez de decir 'norte, sur, este y oeste', le gusta llevarnos a 'Alaska, Patagonia, París y Hawai'. Larry prefiere hacer la 4-D con comida: 'pizza, sándwich, toronja, espagueti'. No parecen importar las palabras que usemos, el estiramiento y las palabras nos ayudan a pensar en una perspectiva mayor".

Tom es más reservado. Después de una llamada especialmente difícil con un cliente:

"Cierro la puerta de mi oficina, miro por la ventana y hago una 4-D. Me sacudo esa llamada y me preparo para lo que sigue".

María vive en un departamento que está en un tercer piso, sin elevador, con su madre anciana y dos hijas pequeñas.

"No tengo tiempo ni dinero para ir al gimnasio y siempre estoy cansada, así que tenía que encontrar la manera de hacer ejercicio. ¡Y, ahora la tengo! Debo llevar la cesta de ropa sucia hasta el sótano. Odiaba esta tarea y siempre me sentía muy mal al hacerlo. Decidí cambiar mi actitud para ver si hacía la diferencia. ¡Y funcionó!"

Ahora, antes de bajar la ropa sucia, María realiza un estiramiento completo 4-D. Después hace una inhalación profunda, expande su conciencia y le dice a su cuerpo que está a punto de realizar un ejercicio delicioso.

"Abro la puerta de mi departamento, recojo la cesta y siento de forma deliberada cada escalón bajo mis pies mientras desciendo los tres pisos".

María dice que lavar la ropa sigue siendo una lata, pero ahora está menos resentida y más fresca. Mientras espera que la ropa se seque, se recompensa dando un paseo al aire libre.

"Si el clima es malo, leo un libro placentero. Y me pongo de pie para estirarme, entre capítulos".

Variaciones al estiramiento 4-D

¿TE ENCUENTRAS EN UNA CONFERENCIA ABURRIDA o en una situación que te esté irritando? Podrías pensar:

"Me gustaría cambiar esta situación. Pero no hay forma de levantarme y hacer un estiramiento 4-D aquí…".

Hay algunas alternativas.

Marianne:

"Algunas veces las juntas de consejo parecen interminables. Así que estiro las piernas bajo la mesa y hago un estiramiento 4-D *con los pies*. Realmente me extiendo hacia el sur… este… oeste… y me acuerdo de respirar. Me renueva la energía y nadie nota que lo estoy haciendo".

Jeff lleva a cabo un pequeño estiramiento 4-D *con las manos*, también bajo la mesa, antes de fijar los detalles de una cuenta con clientes difíciles:

"Flexiono las muñecas, manos, dedos, realmente extendiéndolos lo más posible en cada dirección. Me ayuda a aflojarme. Me ayuda a fijarme en los detalles que podría haber pasado por alto".

La estrategia 4-D es una herramienta que puede utilizarse en cualquier lugar. Adáptala a tus necesidades y a tu estado de ánimo. Si estás en una situación en la que de verdad no te puedes mover, haz un estiramiento 4-D *visual*. Haz un escaneo al norte, sur, este y oeste con los ojos absorbiendo una imagen más grande.

La única situación en la que no debes utilizar el estiramiento 4-D es cuando vas manejando. Pero bueno, si estás atrapado en el tráfico o esperando a que cambie el semáforo, siempre puedes hacer un estiramiento 4-D *con la cabeza y los hombros*.

Realiza un estiramiento 4-D *de pie*, ahora mismo. Fíjalo en la memoria.

Elige dos momentos específicos del día de hoy en los que volverás a poner el estiramiento 4-D en práctica.

Marca esos momentos en tu horario o pon la alarma de tu reloj para recordarlos.

Respira tranquilo.

Ahora ya estás listo para la siguiente estrategia.

Decide si quieres llevarla a cabo ahora o prefieres hacer un receso antes.

Tú eliges.

Haz lo que te resulte más adecuado.

C-3-R = Cuenta-de-Tres-Respiraciones
Calma tu mente

Metas

- Detener el torbellino.
- Abandonar la confusión.
- Pasar de la locura a la calma.

"USTEDES LOS OCCIDENTALES, SON TAN UNIDIMENSIONALES. ¡Ni siquiera saben respirar!"

Eso me dijo Lous, mi mentora indonesia, cuando me quejé de un día extenuante de trabajo en Barcelona.

La respiración es nuestra herramienta de supervivencia más básica. Irónicamente, casi siempre es una de las primeras cosas que olvidamos cuando la situación se sale de control. Lous sabía que eso era lo que me sucedía, así que esa tarde se sentó conmigo y me dio el curso Respiración Real 101. Voy a pasarte sus enseñanzas. Las instrucciones básicas son de ella, las variaciones mías.

Te ofrezco tres estrategias de respiración que pueden brindarte calma de forma instantánea: C-3-R *de emergencia* y dos formas de C-3-R *preventiva*.

Cómo realizar la C-3-R *de emergencia*

- REPOSA AMBAS MANOS SOBRE EL ABDOMEN... Concéntrate en tu respiración... Exhala... Relaja los labios... Frúncelos un poco para dejar salir el aire. Exhala todo el aire muy lentamente... Tus preocupaciones pueden salir con esa exhalación... Escucha el aire que exhalas... Permite que tus manos sientan cómo se contrae el abdomen. Ésta es la exhalación larga.
- Ahora estás listo para la inhalación.
- Mantén tus manos sobre el abdomen... Cierra los labios suavemente. Deja que el aire penetre

a través de tus fosas nasales… suavemente… despacio… no hay necesidad de forzarlo… La naturaleza detesta el vacío, así que tu abdomen se llenará por sí solo… Sólo deja espacio para que entre aire… fácilmente… Deja que llegue hasta abajo. Siente cómo empujas tus manos mientras se expande tu vientre. Ésa es la inhalación larga. Ya lo tienes. Ahora sigue practicando.

■ Exhala e inhala dos veces más, despacio, de forma deliberada… Tómate el tiempo necesario para lograr un vacío fácil durante la exhalación y una plenitud espaciosa en la inhalación. Deja que la respiración haga su parte. Lo ha hecho por siglos. Tu cuerpo es sencillamente uno de sus más recientes vehículos.

Eso es todo.
Pregúntate:

"¿Cuál es la diferencia en mi cuerpo y en mi mente entre hace un minuto y ahora?"

Fíjate en los cambios con curiosidad más que emitiendo un juicio.

Cómo llevar a cabo la C-3-R *preventiva*

INICIA CON UNA INHALACIÓN en vez de una exhalación. ¿Por qué? En la C-3-R *preventiva*, quieres que la inhalación inicial te traiga calma de inmediato, mientras que en una emergencia tu exhalación inicial disemina emociones extremas que pueden sacarte de balance.

Para practicar la C-3-R *preventiva*, intenta las dos siguientes formas:

C-3-R *preventiva* aquí y ahora

- EN ESTE MOMENTO, TÓMATE UN MINUTO PARA MIRAR A TU ALREDEDOR, donde sea que estés. No importa si estás en un interior o un exterior, si estás en un lugar hermoso o uno común y corriente.
- Deja que tus ojos absorban los colores, los objetos a su alrededor.
- Encuentra un objeto o un color que –por alguna razón– te atraiga.
- Deja que tus manos descansen sobre tu abdomen. Después, mientras inhalas suave y profundamente, enfócate en ese color u objeto. Invita a entrar en ti al color, la textura y la forma.
- Mientras inhalas y exhalas tres veces, invita a la belleza, la "rectitud" de la atracción, a inundar tu aliento y todo tu ser.
- Cuando hayas finalizado las tres respiraciones, tómate algún tiempo para absorber lo que acaba de suceder. Podrás notar que tu ritmo cardiaco se hizo más lento, que te sientes más tranquilo que antes, que tu mente está despejada. Date tiempo para apreciarlo. Permite que tu fisiología integre esta ventana de calma espaciosa.

C-3-R *preventiva* de mini vacaciones
Organizador personal

ALGUNAS VECES NECESITAS UN DESCANSO. Tal vez la habitación donde estás es horrorosa o demasiado caótica: para donde sea que mires hay recordatorios de proyectos que tienes que terminar, cosas que debes guardar o de las que necesitas encargarte, llamadas que tienes que regresar, correos electrónicos que ruegan una respuesta. En lugar de quedarte colgado en ese aquí-y-ahora, puedes hacer una elección consciente de pasar a un allí-y-después más refrescante.

Otórgate unas mini vacaciones. No necesitas llamar a un agente de viajes. Sólo aléjate de tu computadora o de tu escritorio. Enciende la contestadora del teléfono y baja el volumen del timbre. Siéntate cómodamente en una silla o estírate en el suelo. Prepárate para realizar mi versión del Organizador personal *(Palm Pilot Personal):*

■ Cierra los ojos suavemente. Deja que tu mente vaya a donde quieras ir; a un lugar de vacaciones que conozcas y te guste mucho, o al lugar que te encantaría conocer. El único criterio necesario es que sea hermoso y te proporcione descanso. Permite que floten frente a ti varias opciones. Ve los colores, siente la temperatura, las texturas. Después decídete por un lugar; y por un punto muy específico de ese lugar. Nombra ese punto. Y después ve ahí. Fíjate qué hora del día o de la noche es.

■ Junta las palmas de tus manos. Frota una contra la otra hasta que sientas que se calientan. Después colócalas sobre tus ojos cerrados. Evoca la imagen de tu lugar de vacaciones. Mientras te concentras en este lugar de belleza, de descanso, realiza una deliciosa inhalación profunda. Siente la temperatura, el viento. Ve los colores, todos ellos. Toca las texturas. Invita a los sonidos a que te inunden.

■ Mientras exhalas, deja que tu cuerpo se hunda en la relajación. Deja que tu mente se deleite en la calma…

■ Inhala y exhala tres veces, suavemente, plenamente. Disfruta tus vacaciones.

Cuando hayas terminado las tres respiraciones, tómate un tiempo para saborear tu viaje. Aprende que puedes ser tu propio Organizador personal e ir ahí cada vez que lo desees. No te costará ni un centavo.

Realiza un pequeño bosquejo o escribe unas cuantas palabras que, para ti, capturen la esencia de ese lugar. Tal vez quieras copiar el recuadro siguiente en papel de colores. Colócalo en un lugar donde puedas verlo.

Mi lugar de mini vacaciones

_____

Lo que me gusta de éste

_____

_____

Cómo me siento cuando estoy ahí

_____

_____

Beneficios de la C-3-R

EL C-3-R LE PROPORCIONA A TU CEREBRO y a tu cuerpo acceso al "alimento" que necesitan para funcionar de manera eficaz. En vez de estar a merced de tus reacciones impulsivas, puedes entrenarte para responder a esos sucesos con una mayor claridad. Puedes aprender a calmarte por ti mismo. El terapeuta Gestalt, Fritz Perls, dijo: "El miedo es agitación sin respiración". Yo añadiría que el pánico muchas veces es miedo, ya sea racional o irracional, sin respiración.

Cuando usas la C-3-R _de emergencia_, te das oportunidad de desahogarte sin dañar a nadie, incluido tú mismo. Empezando por inhalar durante una emergencia, disipas el desequilibrio causado por el miedo, la ira o la ansiedad. Esta pausa te permite darte cuenta con mayor claridad de lo que está sucediendo en realidad y escoger la forma en la que quieres responder.

Si no tienes tiempo de realizar tres respiraciones, detente y realiza una. Esta *interrupción* de una fracción de segundo frecuentemente puede hacer la diferencia entre el desastre y la liberación para tu salud física y emocional y para tus relaciones con las personas que te rodean.

Cuando practicas alguna de las formas de la C-3-R *preventiva* en sucesos que no son emergencias, fortaleces tus "músculos emocionales". Y entonces, cuando algo te golpea inesperadamente, puedes responder con la mente más despejada y el corazón más tranquilo.

Si tienes esos músculos bien afinados, será más probable que utilices tu capacidad para actuar sabiamente.

Sin importar si realizas la C-3-R *aquí-y-ahora* o tomas las mini vacaciones, le estás dando un premio a tu corazón, a tu cuerpo y a tu mente. Durante sesenta segundos, y sin gastar un centavo, puedes disminuir tu presión arterial, deshacerte del lastre mental y reducir el malestar.

Cómo obtuvo su nombre esta estrategia

UNA TARDE DE ENERO, me llamó por teléfono mi colega Bonnie.

"Millie, nuestros alumnos de quinto de primaria están teniendo muchos problemas de acoso escolar y de control de sus impulsos. ¿Podrías venir a enseñarles algo que los pueda ayudar?"

La siguiente semana fui al salón de Bonnie. Quince niños y niñas hicieron una lista de las cosas que los sacaban de quicio:

- *Cuando alguien me insulta.*
- *Cuando otro niño se mete conmigo y no sé cómo responder.*
- *Cuando sucede algo triste. Por ejemplo, si mi mamá está enferma y tengo miedo, pero no sé qué hacer.*
- *Cuando no sé algo que creo que debería saber, y me siento tonto, y siento que todos me están mirando.*
- *Cuando me enojo y quiero pegarle a alguien o hacer algo, y sé que si lo hago me voy a meter en problemas.*

Pregunté a los niños: "¿Les gustaría aprender unas herramientas que podrían ayudarles cuando se sienten presionados?" Todos estaban listos y emocionados.

Les enseñé el estiramiento 4-D. Lo entendieron. Después les enseñé a tomarse las cosas con calma y a realizar tres respiraciones cuando necesitaran tranquilizarse: podría ser cuando una maestra les dijera algo que les pareciera fuerte, cuando otro niño fuera poco cortés o cuando sintieran ganas de pegarle a otra persona. No le puse nombre a la técnica sino que sólo les enseñé a poner las manos sobre la barriguita –como eran estudiantes de quinto de primaria esa palabra les dio risa– y a fijarse en su respiración.

Cuando regresé una semana después, le pregunté al grupo: "¿Cómo les fue?" Gary, que no había dicho una sola palabra la semana anterior, levantó la mano y dijo: "¡Lo logré! ¡Lo logré! ¡La C-3-R sí funcionó!"

Como no recordaba nada sobre la C-3-R, no tenía ni la menor idea de lo que estaba diciendo Gary. Le pregunté: "¿Qué me estás diciendo?", y Gary nos contó su historia muy emocionado:

"Estaba en clase de deportes. Odio esa clase porque nunca me escoge nadie. Estaba sentado en la banca y, como siempre, nadie me escogió. Tenía miedo de ponerme a llorar. Y ODIO llorar delante de todos. Y, de repente, me acordé de la C-3-R. Ya sabe, la Cuenta Regresiva de Tres Respiraciones que hicimos la semana pasada. Y la hice. Puse las manos sobre mi estómago; me concentré muy fuerte como me dijo. Dejé que todas las cosas malas salieran con la primera respiración, y después hice tres buenas respiraciones. Y, ¿sabe qué? Funcionó. ¡No lloré y alguien me escogió!"

¿Quién usa la C-3-R?, ¿cuándo?, ¿por qué?

LOS NIÑOS NO SON LOS ÚNICOS que tienen que lidiar con cosas que no están bien y con personas que no los aprueban. Mis clientes adultos me cuentan lo mucho que les afecta recibir una evaluación negativa en el trabajo, los conflictos en su relación, una caída en el mercado de valores, cuando las crisis mundiales les afectan su sentido de seguridad o cuando el trayecto de regreso a casa tras el trabajo es infernal.

Muchos clientes me dicen que han empezado a utilizar la estrategia de la Cuenta-Regresiva-Tres-Respiraciones casi en cualquier momento y en cualquier lugar. Es una forma rápida y eficiente de pasar del agobio al equilibrio. Patti me dice que si tiene demasiada prisa para hacer una C-3-R, simplemente hace una C-1-R comenzando con una larga exhalación y terminando con una inhalación plena.

En situaciones no estresantes: usa la C-3-R *preventiva*

DEBBIE MANTIENE UNA FOTO de su lugar vacacional favorito sobre su escritorio:

> "Me tomo unas mini vacaciones por lo menos una vez al día, por lo general después de comer. Si estoy muy estresada, me tomo más de una".

Carly hace una C-3-R consciente como ritual de salida-entrada:

"Lo hago antes de salir de casa en las mañanas y otra vez antes de salir de la oficina. Me ayuda a no llevar una carga mental extra al ir de un lugar al otro".

Tim:

"Realizo tres respiraciones antes de hacer una llamada telefónica difícil. Y si estoy ocupado con un proyecto, decido si contestar una llamada o no. Si contesto, hago una C-1-R para enfocarme antes de contestar".

Susan está intentando bajar de peso:

"Solía atragantarme de comida sin siquiera saborearla. Ahora, antes de comer, hago una C-3-R. Me ayuda a darme cuenta de si en verdad tengo hambre o si quiero algo más".

Después, toma la decisión correcta. Cuando está lista para comer, vuelve a hacer una pausa.

"Este breve 'pon-atención-al-momento presente' me ayuda a bajar la velocidad antes de tomar el tenedor. Ahora realmente veo lo que estoy comiendo y disfruto más los sabores".

A Tony le costaba mucho trabajo dormir bien de noche:

"Solía terminar el día viendo el noticiero nocturno. Creía que necesitaba hacerlo para ponerme al corriente. Más bien parecía que me pasaban corriente para el resto de la noche. Hice un cambio radical para mí. Ahora, en vez de ver la tele, termino el día con una C-3-R. Me tomo el tiempo para preguntarme: ¿cuáles tres cosas sucedieron hoy con las que estoy contento? Y doy a las respuestas cierto espacio para respirar. Ahora duermo mucho mejor. Y siempre puedo ponerme al corriente por las mañanas".

Las C-3-R *preventivas* son entrenamientos placenteros. Fortalecen tus músculos emocionales para que puedas responder con tranquilidad en vez de reaccionar impulsivamente.

En situaciones difíciles: usa la C-3-R *de emergencia*

NO IMPORTA SI EL DISGUSTO ES GRANDE O PEQUEÑO, siempre podrás beneficiarte de una C-3-R.

Usa la C-3-R *de emergencia* cuando:

- alguien te ataque verbalmente
- recibas una mala evaluación en el trabajo
- recibas noticias devastadoras sobre un miembro de tu familia
- alguien se te cruza en el tráfico
- una noticia te deja sin aliento

Alan, socio de una empresa manufacturera, se quejaba de que nunca tenía tiempo para sí mismo.

Rutinariamente se llevaba las presiones del trabajo cuando salía de su oficina y durante el viaje de cuarenta y cinco minutos de regreso a casa. Además me explicó:

"Por lo general enciendo la radio al entrar a la autopista. Escucho los comentarios de las noticias durante el trayecto a casa para tomar un descanso y olvidarme de los conductores dementes. De verdad están locos, y me ponen furioso. Cuando llego a casa estoy exhausto y necesito tiempo para mí. No quiero hablar con nadie ni resolver ningún asunto. Ni a mi esposa ni a mis hijos les encanta esta rutina".

Alan era un candidato perfecto para una solución rápida, así que le enseñé la C-3-R.

No fue fácil para Alan encontrar tiempo libre en su agenda, ni siquiera para una actividad de un minuto. Y le fue mucho más difícil encontrar un espacio dentro de su cabeza. Cuando Alan comenzó a tomarse unos segundos para respirar, pudo "verse a sí mismo desde la distancia", como él mismo expresó. Desde este punto de vista, se dio cuenta de que podía cambiar por completo la forma como llevaba a cabo la transición del trabajo a la casa.

"Esto es lo que hago ahora: programo diez minutos para mí antes de salir de mi oficina. Lo llamo: mis diez minutos de merecido descanso. En vez de intentar hacer una llamada más, me tomo ese tiempo para mí. Hago una C-3-R, y después pongo todo en orden para poder seguir al día siguiente con lo que estaba haciendo. Después, cuando me subo al auto, no escucho noticias. Ahora tengo algunos de mis CDs favoritos, incluidos Bruce Springsteen y Cheryl Crow. Me relajan y me hacen sentir bien. Lo siento como un tiempo para mí mismo. Si se me cruza un tipo y siento que me estoy enojando, realizo otra C-3-R".

"Ahora, cuando llego a casa, no tengo que esconderme para tener tiempo para mí; ya lo tuve. Platico con mi esposa. Y hasta mis hijos esperan con ansia verme entrar".

Detenerse a realizar una C-3-R tiene consecuencias mucho mayores que las que son evidentes en ese momento. Las C-3-R de *emergencia* y *preventiva* son formas simplificadas de controlar tus reacciones físicas y emocionales, de manejar tu propia energía y de cuidar más tu salud. Como bonificación tendrás más probabilidades de mejorar tu relación con la gente que te rodea, ya sea en medio del tráfico, la autopista, el trabajo o en casa.

Para practicar esta estrategia ahora mismo, piensa en una situación que consideres que será desafiante.

Imagínala lo más detalladamente posible.

Y después mírate realizando una C-3-R.

Indicador-para-hacer
Cambia tu cerebro

Metas

- Usa tus molestias y dolores como indicadores.
- Cambia de canales: del malestar al placer.

¿SIENTES QUE TE VA A DAR DOLOR DE CABEZA? ¿Notas pesadez en los hombros?

"El estrés y el dolor no desaparecen. Más bien, sólo intensifican su exigencia de atención, gritándonos hasta que los notemos".[9]

Todos tenemos nuestras molestias y dolores especiales. La Estrategia Indicador-para-hacer te enseña a utilizar tus malestares físicos y emocionales de todos los días como indicadores. Cuando aprendes a reconocer tus señales, puedes aprovecharlas para que te ayuden a alejarte del dolor y acercarte a la salud.

Para utilizar esta estrategia, debes reconocer tus indicadores particulares, tus señales peculiares de angustia. Tal vez también tengas que aprender a reconocer qué emoción o emociones podrían estar conectadas a esos indicadores en cierto momento. Si eres como la mayoría de las personas, tienes una gran variedad de reacciones para cualquier situación en particular. Yo llamo a estas reacciones tus 'canales emocionales'.

Una vez que identificas tus indicadores personales, estás listo para responder a estas cinco preguntas clave:

[9] Ilana Rubenfeld, *The Listening Hand: Self-Healing through the Rubenfeld Synergy Method of Talk and Touch* (La mano que escucha: autocuración a través del método de sinergia Rubenfeld de hablar y tocar, Nueva York: Bantam Books, 2000): 81.

1. ¿Cuál es tu indicador en este momento?
2. ¿Qué es lo que te está señalando ese indicador?
3. ¿En qué canal estás?
4. ¿Cuál es el drama actual en ese canal?
5. ¿Hay algo que puedas y quieras hacer en este momento sobre esta situación?
6. ¿Qué acción sería mejor para ti en este momento?

Cómo realizar el Indicador-para-hacer

TEN PAPEL Y LÁPIZ A MANO. En este momento ve si puedes determinar:

¿Cuáles son tus señales de angustia? ¿Dónde las notas exactamente? ¿En la cabeza? ¿En el estómago? ¿En la garganta? ¿En el pecho? ¿En las manos? ¿En la mente? ¿En el corazón?

_____

_____

¿Qué es lo que notas específicamente sobre cada una de éstas? ¿Dolor sordo y punzante en la sien izquierda? ¿Sudor frío en las manos? Me refiero al dónde y qué, de manera muy literal. Localiza el punto exacto del cuerpo o la mente donde notas el malestar. Busca las palabras que describen lo que sientes en ese lugar. Escribe tus respuestas con detalles.

_____

_____

Cuando pones mucha atención en ti mismo probablemente notarás que tienes diferentes indicadores para situaciones distintas. Esto es lo que reportan algunos de mis clientes.

Bruce:

"Cuando estoy enojado, siento un latido en el centro de la frente y rigidez en los puños".

Mary Ann:

"Cuando me dicen algo hiriente, se me revuelve el estómago, se me cierra la garganta y se me nubla la mente".

Amanda:

"Mi respiración se hace más superficial y mi corazón se acelera cuando algo me asusta".

Las cinco preguntas del Indicador-para-hacer

UNA VEZ QUE DESCUBRAS TUS SEÑALES PERSONALES, estás listo para las cinco preguntas del **Indicador-para-hacer**. Responderlas honestamente ayudará a entender tu malestar y te guiará hacia la respuesta más útil.

1. ¿Cuál es mi indicador en este momento? ¿Cuál es el lugar preciso donde lo siento? ¿Cómo siento exactamente?

---

2. ¿Qué me está señalando ese indicador? ¿En qué *canal emocional* estoy? ¿Ira? ¿Preocupación? ¿Frustración? ¿Depresión? ¿Ansiedad? ¿Varios canales al mismo tiempo?

---

3. ¿Cuál es el drama actual en ese canal? ¿Es una reposición de un suceso pasado, una situación actual de la vida real que necesita de mi atención inmediata o un miedo incómodo a algo que pueda suceder si...?

---

4. ¿Hay algo que *pueda* hacer y *quiera* hacer en este momento sobre esa situación?

---

5. ¿Qué *acción* sería mejor para mí en este momento?

Si tu respuesta a la pregunta #4 es sí, entonces toma la acción adecuada de inmediato.

Si es no, cambia de canal. Pregúntate: "¿De qué emoción quiero liberarme? ¿Con qué otra emoción quiero reemplazarla?"
Y cambia de canal inmediatamente.

Para lograr que esta estrategia funcione, deja de leer ahora mismo.

■ Realiza una completa revisión cuerpo/mente.
■ Nota si estás consciente de algún malestar.
■ Si identificas alguno, contesta las cinco preguntas y ve los resultados.

Cuando tengas la mente clara, ponte en acción.

Beneficios del Indicador-para-hacer

La mayoría de nosotros tenemos lo que yo llamo respuestas automáticas. Una de mis respuestas de este tipo es la preocupación. Cuando caigo en la rutina de la preocupación, desencadeno reacciones fisiológicas que tienen efectos de largo alcance en mi bienestar: el canal de la preocupación inmediatamente me nubla la mente, me quebranta el ánimo, me provoca miedo y desajusta mi sistema inmune.

¿Cuál es tu principal respuesta automática? ¿La ira? ¿El miedo? ¿La tristeza? ¿La impaciencia? Si tu respuesta automática es la *felicidad*, considérate afortunado, especialmente si no eres el tipo de felicidad de Pollyanna*. Cuando caes en una emoción automáticamente, sin importar si es algo que te alegra o deprime, puedes estar seguro de que tiene consecuencias en los cuatro campos de tu salud: física, intelectual, emocional y espiritual.

Si puedes identificar tus indicadores y saber lo que estos significan, tienes mayores probabilidades de saber en qué *canal emocional* estás. Y puedes empezar a detectar si el drama es sobre la situación actual o si lo estás reciclando de una telenovela vieja. En cuanto lo tengas claro, podrás tomar decisiones que sean apropiadas y efectivas. Si no tienes claro lo que está sucediendo en realidad y si no puedes interpretar la mezcla de sentimientos sobre esa situación, tus oportunidades de tomar el mejor curso de acción se ven limitadas en gran medida.

La investigación de los psicólogos Peter Salovey y Daniel Goleman nos ayuda a tener un mayor aprecio de nuestra inteligencia emocional. Su trabajo proporciona evidencia de que los seres humanos tenemos la capacidad única de darle forma a nuestras propias vidas, y al hacerlo, de tener un impacto importante en nosotros mismos y en el medio ambiente que nos rodea.

Cuando pones en práctica la Estrategia Indicador-para-hacer, utilizas tu inteligencia emocional

---

* Término en inglés empleado para describir a una persona que es optimista de manera exagerada. (Nota del editor.)

para contrarrestar lo que Goleman llama "emociones destructivas".[10] Al reenfocar de forma consciente, optando por ir hacia una emoción más benéfica, forjas el inicio de un nuevo camino neural. Por medio de nuestras elecciones conscientes minuto a minuto, podemos realmente cambiar las conexiones cerebrales.

¿Quién usa Indicador-para-hacer?, ¿cuándo?, ¿por qué?

A LINDA LE ENCANTA SU TRABAJO en una empresa importante, pero con frecuencia sus responsabilidades interfieren con su vida privada.

"Manejo diferentes grupos de personas que tienen tareas múltiples. Cada vez que hay un problema, yo soy quien tiene que arreglarlo".

La semana pasada, unos cuantos minutos antes de terminar su jornada laboral, sonó el teléfono de Linda. Lo contestó. Otro problema.

"De inmediato sentí presión en el estómago. Hice una pausa y pensé, '¡Ajá! ¡Ése es mi indicador!' Me di cuenta: 'Estoy en mi canal de desesperación no-voy-a-poder-pegar-ojo-esta-noche'. Cuando lo re-

[10] Daniel Goleman en *Destructive Emotions: How Can We Overcome Them?* (Emociones destructivas: ¿cómo sobreponernos a ellas?), por el Dalai Lama y Daniel Goleman (Nueva York: Bantam Books, 2003).

conocí, me pregunté: '¿Hay algo que pueda hacer y quiera hacer sobre esa situación en este momento?' Esa pregunta me ayudó a darme cuenta de que necesitaba tener más información antes de actuar. Como no podía obtener esa información hasta la mañana siguiente, decidí que mi mejor opción era cambiar de canal.

"Lo normal era haberme llevado el problema a casa, preocuparme como loca y pasarme la noche sin dormir. En cuanto pasé del canal 'noche sin dormir al de tener-una-noche-de-sueño-reparador', me sentí mucho mejor".

John lleva más de tres décadas manejando el negocio familiar y espera con ansia su retiro. Hace unos cuantos meses empezó a sentir un malestar físico inusual. Estaba preocupado porque en su familia hay antecedentes de enfermedades cardiacas. Su médico le aconsejó aprender a reducir el estrés, así que se me acercó. Le enseñé a John las Estrategias OASIS y empezó a utilizarlas. Mientras trabajaba la Estrategia Indicador-para-hacer, John se dio cuenta de que su respuesta automática principal era el miedo. Dos semanas después de que empezó a trabajar conmigo, John recibió noticias financieras alarmantes sobre su empresa.

"Inmediatamente sentí cómo se contraía mi corazón. Pero en ese preciso momento me conecté al Indicador-para-hacer con el propósito de cambiar del canal del miedo al de esto-se-puede-resolver. La presión disminuyó de inmediato. Después pude lidiar con la situación con menos ansiedad".

Chuck me envió un correo electrónico para contarme:

"Puse en práctica algunas de las técnicas cuando volaba a casa después de un taller. Me encontré con dos embotellamientos en mi camino al aeropuerto, pasé de largo donde tenía que dar vuelta y había dejado mi teléfono celular en la agencia de alquiler de autos. Durante el vuelo, me enfoqué en algo agradable y pasé del modo pobre-de-mí al de resolución-de-problemas, que me sale bastante bien. Encontraron mi teléfono celular y me lo van a enviar hoy".

Jane, maestra, se tomó dos días libres para acabar de escribir un artículo. Cada vez que empezaba a trabajar en su laptop, la distraía un dolor agudo en el abdomen.

"Me hice las preguntas del Indicador-para-hacer y reconocí que el dolor realmente me estaba dando miedo. Llevaba varias semanas con un dolor intermitente pero me esforzaba por ignorarlo. Cuando reconocí que el dolor era muy persistente, me pregunté: '¿hay algo que quiera y pueda hacer sobre él en este momento?' Sabía que tenía que que-

darme y terminar el artículo, pero decidí detenerme y llamar al consultorio de mi médico para
pedir una cita. Me sentí bien al poder entrar en acción. Tras hacer la llamada pude concentrarme en
el artículo con mayor facilidad. Y, lo más gracioso,
me pareció que el dolor disminuyó".

Stella fue a High Sierras para hacer senderismo
con sus amigos durante dos semanas. Cuando vio
nubes de humo de un incendio forestal un poco al
sur de su campamento, su reacción inmediata fue
entrar en pánico.

"Sentí que mi mente empezaba a pensar locuras y
me di cuenta de que estaba en el canal venado-
frente-a-los-faros-delanteros. Deliberadamente decidí cambiar de canal. Decidí calmarme y, de
inmediato, eso me recordó a mi novio Chris. Siempre está calmado. Es un escalador experto y da clases de seguridad en áreas silvestres. Pensar en Chris
cambió mi energía. Me calmé lo suficiente para
tomar las mejores decisiones para mi seguridad".

Cómo "descubrí" el Indicador-para-hacer

Mientras conducía para comer con mi amigo Gene,
escuchaba las noticias locales:

"Otro adolescente balaceado ayer por la noche en
la Preparatoria Hillhouse. El chico de diecisiete años

se encuentra en estado crítico en el Hospital St. Raphael. Éste es el tercer muchacho baleado en las últimas dos semanas. Un joven murió; dos más permanecen en condición de pronóstico reservado".

Sentí que se me encogía el estómago y el cosquilleo de una migraña naciente sobre mi ojo izquierdo. Nuestros hijos son adolescentes y vivimos a dos cuadras de esa preparatoria.

Cuando me reuní con Gene, le dije que estaba muy preocupada, que me dolían el estómago y la cabeza; y que siempre me pasaba lo mismo cuando sucedían cosas malas. Y añadí, un poco petulante:

"No es justo. ¿Por qué a otras personas las malas noticias no les afectan tanto? Pero mi cuerpo se pone loco y no puedo hacer nada para resolverlo. Heredé ese rasgo de mi mamá y ella de la suya. Es genético".

Gene me contestó, con una actitud un poco indiferente:

"Ay, Millie, eso no es genético. Sólo es un hábito".

Gene no tenía idea de que en ese instante sus palabras dieron pie a un cambio importante en mi conducta. Yo pensé:

"Si lo que dice es verdad, no estoy atrapada. Tengo opciones: puedo dejar que este rumiar depresivo se haga más profundo o puedo cambiar mi enfoque hacia otra cosa".

Mientras Gene y yo continuábamos caminando por la calle Trumbull hacia el restaurante Clark's Dairy, concebí un experimento: ¿podría cambiar de mi muy utilizado canal de *preocupación* al canal *encontrar-algo-en-mi-vida-que-esté-bien*? Miré hacia arriba y vi que el sol seguía alumbrando desde el cielo. Eso era una cosa que estaba bien, aunque el joven hijo de alguien hubiera recibido un balazo la noche anterior. Podía sentir que el simple hecho de cambiar de enfoque de "preocupación" a "está bien", aliviaba la presión de mi abdomen y el dolor de la migraña.

Hice varios experimentos con el *cambio de canales* ese mismo día y durante el resto de la semana. Al ir jugando con el experimento, me di cuenta de que si le ponía mucha atención a mi dolor, solía darme claves de lo que estaba sintiendo emocionalmente. Un estómago revuelto solía significar que estaba preocupada o tenía miedo. Un principio de migraña por lo general me indicaba que estaba fuera de control, triste o enojada.

Comencé a darme cuenta de que mis molestias físicas no eran algo que hubiera que evitar o negar: podía utilizarlas como indicadores poderosos. En vez de agobiarme, podían ser invitaciones a darme cuenta de lo que estaba sucediendo y hacer algo para resolverlo.

Esto no tenía por qué sorprenderme. Mis años de entrenamiento con la pionera del cuerpo y la mente, Ilana Rubenfeld, me habían impregnado de la certeza de la sabiduría del cuerpo. Rubenfeld aprecia la intrincada interrelación entre nuestras mentes y nuestros cuerpos. Ella sabe que cuando ignoramos las señales corporales, sólo estamos invitando a que se nos acerquen más problemas.

La rápida acción de John cuando sintió que se le oprimía el corazón, le ayudó a empezar a cambiar su hábito de escuchar malas noticias. Está cambiando de una vieja rutina a un nuevo patrón que le da espacio tanto a su mente como a su corazón para trabajar con menos presión.

Linda, Chuck, Jane y Stella también utilizaron sus indicadores corporales para trabajar sus emociones. Al hacerlo, realizaron cambios en su fisiología y en su estado de ánimo. Y, al hacerlo, estaban renovando sus conexiones cerebrales para tener un mejor equilibrio.

Para practicar el Indicador-para-hacer ahora, piensa en algún suceso reciente en el que por omisión hayas caído en una situación nada productiva. Rememora el incidente. Identifica tus señales en todos y cada uno de los cuatro campos: físico, intelectual, emocional y espiritual.

Y después hazte estas cinco preguntas:

1. ¿Cuál es mi indicador en este momento?

_____

2. ¿Qué me está señalando ese indicador? ¿En qué canal estoy?

_____

3. ¿Cuál es el drama actual en ese canal?

_____

4. ¿Hay algo que quiera y pueda hacer ahora mismo sobre esa situación?

_____

5. ¿Cuál es la mejor acción para mí en este momento?

_____

_____

Para practicar más, piensa en un suceso próximo. Concéntrate en una situación en la que sepas por experiencias pasadas que tiene el potencial de hacerte perder el equilibrio. Puedes componer una estrategia de tu conducta realizando un Indicador-para-hacer Futuro.

■ Dibuja una imagen clara en tu mente.

■ Asegúrate de incluir a los personajes.

■ Contémplate a ti mismo y tus respuestas usuales en ese tipo de situaciones.

■ Decide cómo quieres responder: ¿en la forma acostumbrada o en una diferente?

■ Contémplate tomando la decisión y emprendiendo la acción correspondiente.

Ahora, tómate un minuto para anotar lo que aprendiste de este experimento Indicador-para-hacer Futuro. Escoge una palabra indicadora o un símbolo indicador que te ayude a recordar cómo quieres responder en esa situación venidera.

Lo que aprendí: _____

_____

_____

Mi palabra/símbolo indicador:

_____

1 Piedra

Equilibra todo tu ser

"Se puede observar mucho mirando".[11]

Yogi Berra

Metas

- Abrir los ojos.
- Aclarar la mente.
- Ver el panorama completo.

[11] Yogi Berra, *The Yogi Book: "I really Didn't Say Everything I Said!"* (El libro de Yogi: "¡De verdad no dije todo lo que dije!", Nueva York: Workman Publishing, 1998): 95.

1 PIEDRA ES LA MÁS SENCILLA, y tal vez la más importante de las Estrategias OASIS. Es el *programa de enjuague* más desarrollado. 1 Piedra puede proporcionarte un oasis inmediato, estés donde estés.

Cómo realizar el 1 Piedra

- COLOCA UNA PIEDRA, o cualquier objeto reconfortante, en la palma de tu mano.
- Mira la piedra, relajando la atención. Fíjate en las variaciones de su color, su textura, su porosidad.
- Siente la piedra en tu mano. ¿Cuán pesada se siente? ¿Está tibia o fría?
- Con los ojos abiertos, inhala y exhala muy lentamente mirando la piedra.
- Inhala y exhala nueve veces más mientras continúas mirando la piedra. Si tu mente empieza a vagar, no importa, eso es lo que hacen las mentes. Sólo regrésala suavemente a la piedra y a tu respiración.

Cuando termines con las diez respiraciones, quédate en la piedra un poco más. ¿Qué notas ahora en tu cuerpo? ¿En tu respiración? ¿En tu latido cardiaco? ¿En tus pensamientos?

Poco a poco deja que tus ojos vayan de la piedra a lo que te rodea. Sigue respirando mientras dejas que ese panorama inunde tu conciencia.

Lleva esa conciencia tranquila contigo mientras realizas la transición hacia el siguiente momento de tu día.

Beneficios de 1 Piedra

SIGLOS DE TRADICIÓN TANTO EN EL ORIENTE como en el Occidente dan testimonio del valor espiritual de la meditación.

Estudios médicos recientes del doctor Herbert Benson y otros doctores verifican sus beneficios para la salud.[12] Los informes en los boletines de noticias médicas y en revistas de deportes se refieren con frecuencia al poder psicológico y emocional de la meditación. Desde la década de los noventa, las técnicas de imagenología proporcionan evidencia concreta de los cambios fisiológicos que ocurren en el cerebro, la mente y el cuerpo como resultado de la práctica extensa de la meditación.

---

[12] Herbert Benson y Miriam Z. Klipper, *The Relaxation Response* (La relajación cómo respuesta, Nueva York: Harper-Torch, 1976); y Herbert Benson y William Proctor, *Beyond the Relaxation Response: How to Harness the Healing Power of Your Personal Beliefs* (Más Allá de la respuesta a la relajación: Cómo aprovechar el poder sanador de tus creencias personales, Nueva York: Berkley Publishing Group, reedición, 1994). Muchas figuras del deporte responden por la efectividad de la meditación focalizada para mejorar sus juegos. Lea al entrenador profesional de básquetbol Phil Jackson en su libro *Sacred Hoops: Spiritual Lessons of a Hardwood Warrior* (Aros sagrados: Lecciones espirituales de un guerrero de Hardwood; Nueva York: Hyperion, 1995) para unos interesantes recuentos con su equipo, los Toros de Chicago.

En el trabajo que realizo con mis clientes, me doy cuenta de que muchos desdeñan o se sienten intimidados por la noción de meditación; creen que pertenece demasiado a la "nueva era" o que es "sólo para gente espiritual". Los que la prueban suelen creer que el propósito de la meditación es bloquear las cosas fuera de sus mentes, y cierran los ojos para poder lograrlo. Este tipo de meditación suele darles cierto indulto. Sin embargo, se quejan de que, a largo plazo, realmente no ayuda. Ser un buen escapista a veces es útil, pero retirarse y/o evitar no es siempre la mejor opción.

La habilidad para *mantenerse enfocado*, para estar presente en circunstancias desafiantes, es una habilidad totalmente diferente. No conozco otro método que sea tan efectivo como la meditación 1 Piedra diez-respiraciones, con los ojos abiertos.

Lo especial de la meditación 1 *Piedra* es que es:

- **extremadamente sencilla**

- **tangible**: la conexión física con una piedra u otro objeto evita la resistencia y la distracción

- **se hace con los ojos abiertos**: esto te sitúa en una realidad aquí-y-ahora

- **atractiva**: los ejecutivos, atletas, niños de cinco años, gente de noventa y cinco, padres, contadores, políticos, presos, clérigos y terapeutas la entienden rápidamente y la utilizan con frecuencia

- **efectividad inmediata**: en menos de un minuto,

quienes la practican reportan sentirse más tranquilos y despejados

Cómo aprendí la estrategia 1 Piedra

EL VERANO SIGUIENTE A MI ACCIDENTE EN BICICLETA, el lado izquierdo de mi cara seguía dormido y mi mente no se movía con la misma agilidad con la que lo hacía antes de que chocara contra el pavimento. Mi esposo me sugirió que una semana tranquila en el campo podría ser una buena medicina. Mi vecina Lynn me contó sobre un retiro, en julio, en el Instituto Omega, en las afueras de Nueva York. No estaba segura de poderme pasar largos periodos sentada escuchando con atención a un monje budista, pero decidí probarlo.

Llovió casi toda la semana. Me sentaba con el grupo cuando sentía que era lo correcto y me acostaba cuando mi cuerpo necesitaba descansar. Cuando amaneció el cuarto día, el líder del retiro, Thich Nhat Hanh, un monje vietnamita que había estado nominado para el Premio Nobel de la Paz, invitó a los niños del grupo a caminar por el sendero con él. Nosotros, los adultos, los seguimos.

Cuando llegamos a la orilla del lago, el pequeño monje se detuvo a recoger una piedra e invitó a los niños a hacer lo mismo. Les pidió que la pusieran en su mano para enseñarles la meditación de diez respiraciones. Reunió a todos los niños con su mirada y les dijo:

"Vean hacia su piedra. Fíjense en el color, en la forma. Siéntanla en la mano. Ahora vamos a hacer diez respiraciones tranquilas, hacia dentro y hacia fuera, mirando la piedra. No se preocupen por lo que hace su mente. Puede vagar hacia muchos otros lugares. Eso es lo que hacen nuestras mentes. Si se dan cuenta de que está corriendo, no se preocupen. Sólo regresen a la piedra, mírenla y vayan a la siguiente respiración".

Toda el área alrededor del lago se volvió mucho más silenciosa cuando los niños comenzaron a respirar con sus piedras. Después de las diez respiraciones, el monje les dio a los niños unos cuantos minutos para que pensaran en aquello que habían notado. Después les dio tiempo para platicar y hacer preguntas. Sabía que los adultos nos estábamos fijando en todo.

Un desaliñado niño de diez años le preguntó: "¿Siempre está tan calmado?" Nhat Hanh explicó al niño y a todos nosotros que no siempre le era fácil permanecer tranquilo. Dijo que en su monasterio era muy fácil sentir calma. Pero cuando iba a la ciudad a ayudar a los huérfanos y a los heridos durante la guerra de Vietnam, las necesidades eran tan intensas que perdía su tranquilidad. Fue a la ciudad muchas veces, pero luego se iba, cada una de esas veces, porque no era lo suficientemente fuerte para lidiar con el sufrimiento. Se dio cuenta de que tenía que encontrar la forma de estar presente más que de replegarse, sin importar lo que estuviera sucediendo. Se dio cuenta de que *respirar con la piedra* con los ojos *abiertos* le era de gran ayuda. Era un ejercicio que podía guardar en su bolsillo y llevar a la ciudad con él.

No sabía entonces, mientras veía a este frágil monje instruir a los niños, que la sencilla práctica de respiración que les enseñó sería la misma estrategia que mi cliente Nick usaría diez años después para equilibrar su agitada vida.

¿Quién usa 1 Piedra?, ¿cuándo?, ¿por qué?

"SOY DE PERSONALIDAD TIPO A, probablemente tipo AA, Millie, y estoy orgulloso de serlo. Evito los programas de manejo de estrés porque no quiero perder mi vitalidad. Además, no tengo tiempo para ese tipo de cosas".

Nick, ejecutivo de 55 años

Bajarle el ritmo a Nick, aunque fuera durante un minuto, era un reto. Lo conocí en un evento en el que celebraba su ascenso a ejecutivo de una prestigiosa empresa nacional. Después de su discurso, su esposa se me acercó:

"Tienes que ayudarlo. Nick está muy emocionado con este nuevo puesto, pero estoy muy preocupada por él. Ya sufrió dos ataques cardiacos y nunca descansa. Le da miedo pensar que si toma las cosas con calma va a perder su ímpetu. No me escucha. Tal vez te escuche a ti".

Para mi sorpresa, Nick me llamó dos semanas después.

"Mira Millie, no entiendo bien lo que haces pero te llamo porque mi esposa me está presionando".

Le dije a Nick que sabía que tenía muchas presiones en su vida, y que yo no quería presionarlo a hacer algo más. Le aseguré que no tenía ningún interés en dañar su brío. Le dije:

"Mejor, me gustaría enseñarte unas cuantas estrategias rápidas para ayudarte a equilibrar tu ocupada vida. ¿Quién sabe? Tal vez hasta mejoren tu empuje para que seas más eficaz, y para que además te mantengas saludable".

Finalmente, tal vez porque estaba hablando por un altavoz y su esposa estaba con él, Nick aceptó venir, pero sólo para una cita. Vino la siguiente semana, se sumergió en las Estrategias y las captó rápidamente. En una hora Nick aprendió lo que necesitaba. Su favorita fue 1 Piedra.

¿Y si no tienes una piedra?

SI FUERA NECESARIO PUEDES USAR CUALQUIER COSA: una moneda, un lápiz, un pisapapeles.

¿Por qué prefiero la piedra? Probablemente porque así aprendí este ejercicio. Pero además, las piedras evocan un sentido de permanencia, una conexión con nuestros orígenes y el más grande universo, con una fuerza mucho mayor que otros objetos de nuestra vida diaria.

Me gusta la suavidad y la belleza de las piedras de río japonesas. Por lo general las encuentro en algunas tiendas *Pier 1* o de jardinería. Puedes escoger una piedra o concha favorita de algún lugar especial. Usa cualquier cosa que a ti te funcione bien.

Lynette guarda la piedra en su escritorio del trabajo.

"La tomo de vez en cuando, especialmente cuando estoy cargada de trabajo. Me ayuda a poner en orden mis ideas. Llevo diez años haciéndolo y todavía funciona".

Sally, una enfermera de pacientes terminales, guarda la piedra en su auto.

"Hago visitas a domicilio tres veces por semana. Ése es mi trabajo: estar con la familia y con el enfermo que va a morir. Cuando el paciente es más o menos de mi edad y tiene hijos como yo, resulta especialmente difícil. Lo que hago ahora es: unos minutos antes de llegar a la casa, busco un lugar tranquilo para estacionarme. Tomo mi piedra y realizo mis diez respiraciones. Me ayuda a recordarme quién soy y para qué estoy aquí. Después puedo reunirme más tranquila con la familia".

Marv, mi contador, dice:

"Es mi piedra de la cordura, especialmente durante la época de impuestos. Cuando uso la piedra, se me hace más fácil decirle a un cliente que debe dinero".

Jim le enseñó la meditación con la piedra a su socio, que es diabético. Jim me dijo:

"Bob tiene problemas para resistirse a los postres. Pero cuando tiene su piedra, de cierta forma le ayuda a recordar que debe tomar las cosas con calma y escoger algo más".

Una tarde en la que su hijo de cinco años estaba acabando con su paciencia, Kim le dio una piedra y le enseñó la meditación de diez respiraciones. Recientemente Kim me dijo:

"A veces, cuando estoy desesperada, mi hijo me toma por sorpresa cuando me dice: 'Mami, tienes que respirar'. Nos sentamos y lo hacemos juntos".

T<small>RES</small> <small>MESES DESPUÉS DE MI SESIÓN</small> de una hora con Nick, me lo encontré en el centro de la ciudad. Se veía muy bien con su traje elegante y, como siempre, tenía prisa.

"¡Millie, encantado de verte!"

Nick sacó la mano del bolsillo para saludarme. Mientras nos dábamos la mano, me sorprendió sentir un objeto duro y tibio en la suya.

"Sí, es la piedra. Siempre la llevo conmigo. Me recuerda que debo tomar las cosas con calma".

Ya aprendiste las cuatro Estrategias OASIS. Tuviste la oportunidad de experimentar con variaciones para cada una de ellas y leíste cómo diferentes personas las están incorporando en sus vidas diarias.

Tal vez quieras utilizar una de las Estrategias antes de empezar el siguiente capítulo.

Tómate un descanso.

Selecciona tu oasis.

Capítulo 5

Mantenerse a flote en tiempos difíciles

Intento tomar las cosas
UN DÍA A LA VEZ

pero últimamente muchos días
me han atacado al mismo tiempo

MI MAMÁ TENÍA CIERTOS DÍAS COMO ÉSTE hace algunos años cuando cuidaba a sus siete hijos. Pero ese sentimiento de "muchos días atacándome al mismo tiempo" suele venirnos con frecuencia a la mayoría de nosotros hoy en día.

Malas noticias sobre el estrés

¿SABÍAS QUE EL ESTRÉS EN LOS HUMANOS

- contribuye en el 80% de las principales enfermedades,
- es responsable del 75 al 90% de las visitas a los consultorios médicos, y
- cuesta a las empresas tanto como $300 miles de millones al año?[13]

Nos guste o no, los siguientes son hechos de nuestro tiempo:

- el estrés llegó para quedarse,
- los factores estresantes se están incrementando de manera exponencial en nuestras vidas y en el mundo, y
- que nuestra respuesta al estrés es el principal determinante en nuestra salud y felicidad personales.

El boletín de investigaciones sobre la salud de la mujer de la Universidad de Yale verifica que la depresión y el estrés son factores de riesgo para el desarrollo y la progresión de las enfermedades cardiacas.[14] Evidencias recientes confirman que las en-

---

[13] Vera Gibbons, "Working: High Anxiety" (Trabajo: ansiedad alta), publicado en la revista *Smart Money* (julio de 2000).

[14] Teresa Caulin-Glaser, "Complementary Medicine and Cardiac Rehabilitation for Women", *Women's Health Research at Yale Newsletter* ("Medicina complementaria y rehabilitación cardiaca para mujeres", Boletín de investigaciones sobre la salud de la mujer de la Universidad de Yale, Invierno de 2003): 5.

fermedades cardiacas se incrementan de forma dramática después de sucesos estresantes. Los investigadores del Centro Hospitalario St. Luke's-Roosevelt de la ciudad de Nueva York revelaron que el mes siguiente a los ataques terroristas del 11 de septiembre de 2001, los pacientes cardiacos del área de Nueva York sufrieron arritmias cardiacas que pusieron en riesgo sus vidas en una tasa del doble de lo normal.[15]

¿Te preocupan las enfermedades cardiacas? Todavía no estás exento. Cientos de estudios médicos citan el estrés como un factor en afecciones como:

✓ ansiedad elevada
✓ fatiga
✓ depresión
✓ menor función de la memoria
✓ sueño interrumpido
✓ menor disfrute de la vida
✓ presión arterial elevada
✓ relaciones turbulentas
✓ menor desempeño sexual
✓ peor desempeño laboral
✓ sistemas inmunes debilitados
✓ mayor incidencia de embolias y cáncer

¿Cuántos de estos síntomas podrían aplicarse a ti?

[15] Un estudio dirigido por Jonathan Steinberg, jefe de cardiología del Centro Hospitalario St. Luke's-Roosevelt de Nueva York, citado en "Nuestros cuerpos, nuestros miedos" por Geoffrey Cowley, *Newsweek* (24 de febrero, 2002): 47.

Probablemente no necesitas mucha documentación para reconocer tu estrés personal. Tu reacción mientras estás atorado en el tráfico y vas a llegar tarde a una cita es prueba suficiente. Si escuchas noticias de la violencia en el mundo o en tu vecindario cuando estás detenido en la autopista, en el metro o en el aeropuerto, tu nivel de estrés aumenta.

Una clínica comunitaria de orientación de Georgia registró que el número de personas que buscaba ayuda después de una alerta terrorista se multiplicaba seis veces. "Las personas reportan dolores de cabeza, insomnio, dolor de espalda, dolor en el cuello, desorientación", dice el director Pierluigi Mancini. "Pero después de una exploración, no podemos encontrar una causa física".[16] A eso añádele la inseguridad sobre el futuro de asuntos considerados hasta ahora de primera necesidad como el Seguro Social, Medicare y las instituciones financieras establecidas, y encontrarás un panorama de incertidumbre y miedo.

Las investigaciones verifican que este estado de alerta permanente, junto con la sensación de desamparo que la acompaña, tiene un impacto muy fuerte en tu fisiología y en tu estado mental.[17]

---

[16] Citado en "Nuestros cuerpos, nuestros miedos", *Newsweek* (24 de febrero, 2002): 47.

[17] Ver Sapolsky, *Por qué las cebras no tienen úlceras*, para mayor información sobre este estado. La descripción de Francine Shapiro de los síntomas del trauma proporciona visiones fascinantes del estado de hiperalerta, y sobre cómo moverse en él; refiérase a Francine Shapiro, *Eye Movement Desensitization and Reprocessing*

Causas de muerte: antes y ahora

DE ACUERDO CON ESTADÍSTICAS del Departamento de Salud y Servicios Humanos de Estados Unidos, las tres causas principales de muerte en ese país a principios del siglo XX eran la neumonía, tuberculosis y diarrea/enteritis.

En contraste, los tres principales asesinos en la primera década del siglo XXI: enfermedades cardiacas, cáncer y embolias. Si a esto se le añade muertes por accidentes, lesiones, suicidios y asaltos, se obtiene la cuarta mayor causa de muerte en nuestros tiempos. En lo que se refiere a esas muertes no-por-enfermedad, las cifras indican que el 85% de esos sucesos son realizados por el hombre y no "actos de Dios".[18]

Estas estadísticas reflejan una interacción entre la conducta humana y la enfermedad. Ciertamente, los avances de la medicina en el siglo XX y principios del XXI han ayudado a controlar la propaga-

(Movimiento ocular, desensibilización y reprocesamiento, Nueva York: The Guilford Press, 2a. edición, 2001) y www.emdria.org

[18] Estadísticas de principios de siglo del Departamento de Salud y del Centro para el Control de Enfermedades y Prevención, *Reporte Semanal de Morbilidad y Mortalidad* 48.29 (30 de julio, 1999). Cifras de los siglos XX y XXI del Centro para el Control de las Enfermedades, Centro Nacional de Estadísticas de Salud, Sistema Nacional de Estadísticas Vitales, "Muertes, porcentaje de muertes totales y tasas de muertes de las quince mayores causas de muerte: Estados Unidos, 2000" (16 de septiembre, 2002, LCWK2). Estadísticas sobre muertes no por enfermedad de la doctora Pamela Peeke, "Caminos hacia la salud", Mind Matters Seminars (Seminarios sobre asuntos de la mente, 1997).

ción de infecciones mortales y enfermedades virales. Sin embargo, las cuatro causas principales de muerte de este siglo tienen una clara relación con el estrés.

Tal vez no causemos el cáncer ni las enfermedades cardiacas, pero la forma en la que decidimos vivir tiene un impacto definitivo tanto en nuestra salud física como en nuestro medio ambiente. Y lo que le hacemos al medio ambiente a su vez tiene un impacto sobre nuestra salud física.

Buenas noticias sobre el estrés

SI EL ESTRÉS ES TAN TERRIBLE, ¿no deberíamos de tratar de eliminarlo? No lo creo. Los programas que alegan que pueden borrar el estrés de nuestras vidas están equivocados. Como dice el doctor Hans Selye, el abuelo de la investigación fisiológica del estrés, tras décadas de estudio: "El estrés es la chispa de la vida".[19]

Las conclusiones de Selye afirman que el estrés:

■ es una reacción natural,

■ no es negativo ni positivo, y

■ sencillamente es fuerza aplicada a un objeto.

[19] Hans Selye fue el primer investigador en darse cuenta de que el estrés podía causar úlceras pépticas (Sapolsky, p. 353). Las obras clásicas de Selye, *El estrés de la vida*, 2a. ed. (Nueva York: McGraw-Hill, 1978), y *Estrés sin angustia* (Nueva York: Signet, 1975), dan descripciones más detalladas de las décadas de estudio de Selye sobre la fisiología del estrés en animales y humanos.

Tu sangre no circularía a menos que tu corazón la presione. Tu rodilla no se dobla, si no ejerces cierta fuerza. Tu cerebro concibe nuevas ideas cuando algo lo estimula.

Claramente, la idea no es librarse del estrés. Más bien es cultivar la relación correcta con éste. Mi esposo, quien ha trabajado en la construcción y es diseñador de muebles, lo sabe:

"Desde luego que el estrés hace falta para todo. Es una parte integral de la forma en la que las estructuras se mantienen unidas". Además añade: "Aunque desde luego nadie querría colocar una viga sobre un huevo".

Mis clientes con personalidad tipo A aprecian la distinción de Selye entre el *eu-estrés* (buen estrés) y la *angustia* (mal estrés). Les encanta mencionar esta cita:

"El único momento en que los hombres y los animales están libres del estrés es cuando están muertos".

La próxima vez que notes que estás estresado, primero que nada agradece que te des cuenta de ello.

Después haz una pausa para preguntarte: "¿De qué se trata?"

Entonces selecciona una Estrategia OASIS para volver a equilibrarte lo más posible en ese momento.

Buenas noticias: nuestros cerebros son moldeables

CUANDO ESTUDIÉ PSICOLOGÍA EN LA UNIVERSIDAD, mis profesores me decían que estaba en la flor de la vida y que debía sacar partido de ello porque, antes de mucho tiempo, empezaría a perder mis neuronas.

Estaban equivocados.

Hoy, la palabra de moda en la investigación actual es *neuroplástico*, una palabra que mis profesores de aquel entonces nunca habían escuchado. Les sorprendería encontrar artículos sobre la neuroplasticidad del cerebro en escenarios tan variados como las revistas: *Sports Illustrated* (Deporte Ilustrado), *O: La Revista de Oprah* y *Harvard Medical News* (Noticias Médicas de Harvard).

Holgazanas y activas

¿POR QUÉ PARECIERA QUE ALGUNAS PERSONAS denotan vitalidad mientras que otras se encuentran opacadas? Temas como la resistencia y la calidad de vida han inquietado por mucho tiempo a la doctora Marian Diamond.

En una de sus investigaciones, la doctora Diamond hizo un ensayo con dos grupos de ratas. El Grupo A –sus ratas *holgazanas*– vivían una vida más bien sedentaria y predecible. En cambio, el Grupo B –las ratas *activas*– tenían que lidiar con cambios frecuentes en su rutina diaria; además, se enfrentaban a algunos desafíos para poder alcanzar su comida.

Diamond descubrió que:

- las ratas más sedentarias, aunque fueran más jóvenes, desarrollaban factores de senilidad con mayor rapidez que sus contrapartes más activas,
- las ratas activas demostraban una mayor vitalidad y flexibilidad, y
- estos cambios se reflejaban tanto en sus acciones como en la estructura anatómica de sus cerebros: las ratas activas se movían más rápido y sus cerebros crecían más que los cerebros de las ratas holgazanas.

Diamond sintetizó sus descubrimientos diciendo:

"Es tan fácil como usarlo o perderlo".[20]

¿Desesperadamente en la cima de la colina?

¿QUÉ PASA CON ESA ANTIGUA CREENCIA de que después de cierta edad empezamos a ir cuesta abajo de forma continua y no podemos esperar obtener material cerebral nuevo?

[20] Marian Diamond, profesora distinguida de anatomía de la Universidad de California, en Berkeley, ha estudiado la ciencia del cerebro durante décadas. Realizó sus estudios de las ratas holgazanas en la década de 1980. La conferencia "Una mirada optimista del envejecimiento del cerebro", en la reunión anual de la Sociedad Americana de Envejecimiento en San Francisco, aconseja a todos "usarlo o perderlo"; vea el artículo en *Aging Today* (Mayo/Junio 1998).

Equivocada otra vez.

El doctor Richard Davidson, director del Laboratorio de Neurociencia Afectiva de la Universidad de Wisconsin, elevó los descubrimientos de la doctora Diamond, del nivel de las ratas al nivel de los seres humanos. En marzo de 2000 Davidson dijo:

"Los neurocientíficos creían hasta hace poco tiempo –hace uno o dos años– que nacemos con un cierto número de neuronas y que son todas las que tendremos durante el resto de nuestra vida. Durante los dos últimos años hemos descubierto que esto es falso. Ahora se ha demostrado en los seres humanos que durante toda la vida crecen nuevas neuronas. Éste es un descubrimiento fantástico".[21]

Los neurocientíficos ahora demuestran de manera tangible este crecimiento continuo. Además, dicen que *nuestros cerebros están preparados para seguir aprendiendo cosas nuevas mientras estemos vivos.*

Aún hay más. No sólo aparecen nuevas neuronas, sino que también *podemos escoger qué hacer y qué no, pues tenemos influencia sobre cuáles neuronas crecen y cuánto.*

Los escáneres cerebrales de Davidson indicaron que surgen nuevas neuronas cuando ocurre el apren-

---

[21] Richard Davidson citado en *Emociones destructivas: ¿cómo sobreponernos a ellas?*, del Dalai Lama y Daniel Goleman (Nueva York: Bantam Books, 2003): capítulo 8, "La neurociencia de la emoción", 189.

dizaje y que las partes del cerebro que se ejercitan más, crecen. De hecho, las áreas del cerebro más utilizadas, literalmente se expanden y reconectan bajo demanda.

Cuando los investigadores estudiaron varias partes del cerebro de los londinenses, encontraron que el área del hipocampo conocida como área de mapeo es significativamente mayor en los taxistas que en los no-conductores de la misma edad. Este descubrimiento no sólo es cierto para los taxistas sino para cualquier persona que practica en forma repetida alguna actividad. Trabajando con violinistas, el doctor Edward Taub, un científico adjunto del Centro sobre Envejecimiento de la Universidad de Alabama, en Birmingham, descubrió que la cantidad de territorio de la corteza dedicada a los dedos de los violinistas continúa expandiéndose con la práctica. Además, la corteza cerebral de los violinistas se reestructura para asignar más neuronas a los dedos de la mano izquierda –la mano que usan los violinistas para producir cada nota diferente– que a los de la derecha.[22]

Poder mental

COMO SI ESTAS NOTICIAS NO FUERAN lo suficientemente emocionantes, los neurocientíficos en la última dé-

---

[22] Para una descripción detallada de la investigación de Taub y Pascual-Leone, y estudios de los taxistas londinenses, ver Sharon Begley: "Supervivencia de los más ocupados", en el *Wall Street Journal* (11 de octubre, 2002): B1.

cada han encontrado cada vez más evidencia de que *tenemos el poder de cambiar la fisiología de nuestro propio cerebro –para bien o para mal– no sólo por la forma en que actuamos sino, lo que es más impresionante, por la forma en que pensamos.*

Por el trabajo de Taub, el doctor Alvaro Pascual-Leone, profesor asociado de neurología de la Universidad de Harvard, supo que el ejercicio físico podía cambiar al cerebro; y quiso investigar más sobre estos descubrimientos.

Pascual-Leone se preguntó: "¿Podría el ejercicio mental producir los mismos resultados que el ejercicio físico?" Para explorar esto, hizo que un grupo de voluntarios practicaran un ejercicio de piano a cinco dedos, y que otro grupo sólo pensara en practicarlo. Como era de esperarse, el ejercicio físico real produjo cambios en la corteza motora de cada uno de los voluntarios pero, para sorpresa de muchos, el ensayo sólo mental produjo un cambio tan grande como el ejercicio físico. Así que, no sólo el incremento en la actividad física maximiza el desarrollo del área cerebral, incluso *pensar* sobre ello puede tener el mismo efecto.

Poder emocional

UNA COSA ES VERIFICAR que algo tan tangible como el ejercicio físico, sea real o imaginario, cambie el contorno de nuestros cerebros, pero ¿qué pasa con algo tan sensible como las emociones humanas?

Desde hace mucho tiempo se reconoce que como nos sentimos emocionalmente tiene una reacción en como nos sentimos físicamente. Además, las ondas fisiológicas creadas por nuestras emociones penetran mucho más adentro que la sola piel. Los sentimientos de ira afectan nuestros corazones. La depresión afecta nuestro sistema inmunológico.

Trabajos en curso de los doctores Davidson, Salovey y Goleman exploran la inteligencia emocional y nuestra capacidad para cambiar nuestra propia inteligencia emocional. Hay indicaciones de que cuando transformamos nuestras propias emociones, parece ser que afectamos mucho más que la piel y los órganos. Podríamos estar cambiando la conectividad del mismo cerebro.[23]

Investigaciones y la vida real

¿QUÉ TIENEN QUE VER ESTOS DESCUBRIMIENTOS con nuestra vida diaria? Provocan una gran diferencia para alguien como Steve, un empresario de poco más de sesenta años. Steve me consultó porque se sentía atorado.

"Cuando era joven, mi padre me dijo que no lograría nada en la vida. En mi último trabajo, mi jefe me dijo lo mismo. Recuerdo esas palabras una y otra vez. Creo que siempre seré un perdedor".

[23] Para más información sobre inteligencia emocional vea el trabajo de Davidson en *Emociones destructivas* y un buen número de libros de Daniel Goleman y Peter Salovey.

Esa rutina mental negativa era la respuesta automática de Steve. La rutina negativa estaba tan profundamente entrelazada que Steve creía que era imposible de cambiar.

Ahora tengo una respuesta clara para Steve. Puedo decirle, con el respaldo de la investigación científica:

"Steve, ese pronóstico de perdedor no es una sentencia de por vida. Puedes cambiarlo".

Desde luego que le dije a Steve que cambiar de forma radical una rutina profundamente enraizada lleva tiempo. Pero cambiar la dirección de la rutina puede hacerse de inmediato.

Como demostró Pascual-Leone, el cerebro se reconecta basándose en lo que hacemos y hasta en lo que pensamos. Por las elecciones de Steve, en respuesta al malestar así como al placer, puede deshacerse de hábitos poco útiles o desarrollar habilidades a las que antes tal vez no tenía acceso. Esto significa que no está desesperadamente circunscrito por su desarrollo anterior o por la falta de éste.

Cada vez que Steve realiza su estrategia Indicador-para-hacer, provoca un cambio. Y mientras más camina Steve en esa dirección por medio de sus elecciones diarias, más está guiando su cerebro, su cuerpo y sus emociones a que se alejen de la rutina de víctima hacia un hábito proactivo.

Cuando Steve regresa a su antiguo modo Soy-un-perdedor, lo animo a realizar el ejercicio de los tiempos verbales. Le pido que haga distinciones temporales precisas y que las exprese en voz alta:

"En el pasado, con frecuencia creía que era un perdedor…"

"Ahora, en el presente, yo…".

La aclaración gramatical de Steve debilita el poder a cadena perpetua de su antigua creencia y provoca un cableado en otra dirección.

Pero a veces es demasiado duro

SÉ POR EXPERIENCIA LO DIFÍCIL que es cambiar hábitos que están muy arraigados. Algunas veces parece casi imposible. En esos momentos las investigaciones del doctor Jeffrey Schwartz, profesor e investigador de la Escuela de Medicina de UCLA, me proporcionan esperanzas.

Schwartz lideró un trabajo novedoso con un grupo realmente desafiante: pacientes con Trastorno de Personalidad Obsesivo Compulsivo (TOC). Para los individuos con TOC es extremadamente difícil cambiar patrones de conducta, aunque su ser racional reconozca que sus acciones, como el lavado frecuente de manos o revisar repetidamente para asegurarse que todos los contactos están apagados, son contraproducentes e innecesarios. El doctor Schwartz demostró que los individuos con TOC tienen la posibilidad de cambiar patrones de conducta profundamente integrados *utilizando sus cerebros en diferente forma*. Schwartz descubrió algo más: cuando sus pacientes cambiaban su comportamiento, también cambiaban su cerebro. Y cuando cambiaban su cerebro, eso les ayudaba a su vez a cambiar su comportamiento.

El éxito de Schwartz con los pacientes con TOC lo llevó a afirmar que *todo adulto tiene la capacidad no sólo de crear nuevas neuronas, sino también la capacidad para reparar neuronas dañadas y cambiar la función de las antiguas.*

Ésta es una realidad impresionante en verdad. La forma en la que actúas, lo que elijas o no hacer, hasta lo que piensas y cómo lo piensas, puede cambiar y de hecho cambia la fisiología de tu cerebro. En el libro *La mente y el cerebro: Neuroplasticidad y el poder de la mente*, Schwartz y el escritor científico Sharon Begley afirman que:

"el poder de la actividad intencionada para moldear el cerebro sigue siendo el principio funcional no sólo del desarrollo inicial del cerebro, sino también del funcionamiento cerebral como un proceso constante y vivo".[24]

24 Jeffrey Schwartz y Sharon Begley, *The Mind and the Brain: Neuroplasticity and the Power of Mental Force* (La mente y el cerebro: neuroplasticidad y el poder de la fuerza mental, Nueva York: Regan Books, 2002): 130.

El cerebro y las Estrategias OASIS

La frase de schwartz y begley, *actividad intencionada*, es la clave de las Estrategias OASIS.

En cada instante de tu vida enfrentas múltiples opciones. En cada momento de decisión te quedas en un patrón que te es familiar u optas por una nueva ruta. Si continúas por la que te es familiar, fortaleces, para bien o para mal, las interconexiones de ese hábito. Si seleccionas una ruta alternativa, puedes reforzar –y hasta crear– un hábito/actitud/rutina que te acerque a una salud más vibrante.

¿Recuerdas a Steve? Si estás en su actitud de perdedor y no te das cuenta de ello, lo más probable es que te quedes en ella; al hacerlo, estás apuntalando tus interconexiones de perdedor.

Si Steve aumenta su conciencia usando un Indicador-para-hacer, puede reconocer en qué canal está. Al hacer esto, puede señalar qué interconexiones está cargando. Y entonces tiene la opción de continuar cargando esa conexión o de escoger un canal diferente. Al cambiar de modo en forma deliberada deja de alimentar sus conexiones de perdedor y envía su poder por una ruta alternativa. Cada vez que Steve escoge conscientemente o actúa intencionadamente, tiene la posibilidad de fomentar su propia salud de manera muy tangible.

Las Estrategias OASIS son herramientas en extremo portátiles y eminentemente prácticas para interconectar tu cerebro hacia el equilibrio, hacia la salud, hacia la cordura.

Cada vez que realices una acción intencionada, cada vez que:

■ te calmes durante una situación caótica, enfocándote en una piedra y respirando,

■ te des cuenta de que estás en una actitud de pobre-de-mí y conscientemente la cambies por un sí-puedo,

■ interceptes una respuesta impulsiva con un conteo de tres respiraciones, o

■ notes la fatiga de tu cuerpo y la alivies con un estiramiento de cuatro direcciones,

estarás, de hecho, dirigiendo las interconexiones de tu cerebro lejos de la enfermedad y hacia el equilibrio. Te estarás alejando del funcionamiento agotador hacia un uso eficiente de la energía. Te otorgas refugio y placer a ti mismo. Estás creando un **oasis** en el agobio.

Perros viejos, trucos nuevos

CUALQUIER PERSONA QUE SE ADHIERA a la noción de que no se le pueden enseñar trucos nuevos a un perro viejo, no conoce a Miriam, mi suegra.

Dos semanas antes de su cumpleaños ochenta y nueve, le preguntamos a Miriam qué quería para el gran día. Ella contestó: "Ah, nada. Realmente tengo todo lo que necesito. Con su amor me basta". Miriam, me llamó una semana más tarde:

"Sabes, he estado pensando. Muchos de mis amigos tienen computadora y le mandan correos electrónicos a sus nietos. He estado hablando con ellos, lo he pensado y he estado investigando. No creo que necesite una computadora muy completa. Creo que con uno de esos teclados que sirven para conectarse a la Web y mi televisión sería suficiente. Pero no quiero darles problemas".

Nos pusimos a investigar y nos dimos cuenta de que Miriam tenía razón. Compramos lo que quería en Circuit City y fuimos a su casa el día de su cumpleaños para conectarle la red a la televisión.

Miriam puso manos a la obra de inmediato. Se sentó cómodamente en su silla favorita, experimentó con el teclado, pidió ayuda unas cuantas veces y después envió sus dos primeros correos electrónicos: uno a Josh, su nieto mayor, a Oakland, y otro a mi hermana Mary, a Filipinas. Y nos dijo sonriendo:

"¿No es impresionante? ¡Y pensar que van a recibir mis cartas antes de que acabemos de cenar!"

Al día siguiente, Miriam, ya de ochenta y nueve años, nos llamó:

"Estoy tan contenta con su regalo de cumpleaños. Ya mandé más cartas y Josh y Mary ya me contestaron".

Si tienes un *cerebro atento* como el de Miriam, la edad no es un elemento de disuasión. El doctor Taub reportó que su descubrimiento más importante fue la evidencia de reorganización cerebral en personas que comienzan a usar un violín, la computadora o a desarrollar cualquier otra habilidad, aunque sean mayores de cuarenta años.[25]

Miriam sabía lo que quería. Ejerció una actividad encantadoramente intencionada para conseguirlo, lo obtuvo y lo disfrutó.

¿Quién sabe? Si Taub escaneara el cerebro de Miriam, podría encontrar que el área de envío de correos electrónicos de su cerebro se está expandiendo aún mientras escribo.

Equilibrio total

"No se acaba, hasta que se acaba".[26]

Yogi Berra, otra vez

TODAVÍA HOY EN DÍA ME CUESTA TRABAJO ver el panorama completo. Me enfoco en las cosas que están mal –conmigo, mi familia, mis amigos, el mundo– y me deprimo pensando en ello. Me levanto por la mañana preocupada por cómo voy a poder terminar todo lo que tengo que hacer ese día. Me quedo atrapada en los pequeños sucesos desagradables.

[25] Citado en "Supervivencia de los más ocupados" de Begley, *The Wall Street Journal* (11 de octubre, 2002): B1.
[26] Yogi Berra, *El libro de Yogi*, 121.

No busco tiempo para cuidarme ni para disfrutar a las personas que están a mi alrededor.

Pero ahora estoy mucho mejor que antes de aquel día de julio que me cambió la vida.

Me queda muy claro que mi accidente en bicicleta alteró el equilibrio acelerado y ligeramente mareado que había establecido. El bache inesperado me dejó con tres fracturas en el cráneo, un riñón reventado y laceraciones múltiples. También me proporcionó la oportunidad de cambiar mi vida.

Los diecisiete puntos alrededor de mi ojo izquierdo ya casi no se notan. Pero el punto entumecido sobre mi labio sigue siendo una realidad muy presente.

Ese punto entumecido es un recordatorio. Irónicamente, cuando me envuelvo en mi modo veloz e inconsciente, ese punto entumecido me trae de vuelta a los sentimientos. Lo toco para recordarme que estoy aquí y ahora, todavía viva. Me permite saber que el ahora es todo lo que tengo. Y que eso es más que suficiente.

Perfeccionar un nuevo patrón, ya sea emocional o psicológico, es un proceso. Se paciente contigo mismo mientras incorporas las Estrategias OASIS a tu vida. Como cambiar unos viejos tenis por unos nuevos, el cambio no sucede en una sola noche. Pero la naturaleza está de tu lado en este proceso. Quieres estar sano. Los árboles se inclinan hacia la luz, los dientes de león crecen por las grietas de las banquetas, tus dedos gordos golpeados y rodillas raspadas se curan.

En su trabajo con soldados heridos durante la Primera Guerra Mundial, el doctor Kurt Goldstein se sorprendió al saber que hasta un cerebro severamente dañado encontraba formas para recuperar sus funciones básicas.[27] Ocho décadas después Ilana Rubenfeld parafraseó el descubrimiento de Goldstein cuando dijo:

"Todas las personas tienen una capacidad natural para autocurarse y autorregularse". Rubenfeld añade: "La responsabilidad final de cambiar recae sobre cada persona individual".[28]

Al practicar las Estrategias OASIS, notarás que algunas se te facilitan más que otras, que algunas situaciones te retan más que otras.

Pon atención a tus éxitos.

Se gentil contigo mismo mientras enfrentas tus propias dificultades.

---

[27] Kurt Goldstein, *The Organism: A Holistic Approach to Biology Derived from Pathological Data in Man* (El organismo: un acercamiento holístico a la biología derivado de los datos patológicos en el hombre, American Books, 1939; repr. Boston, MA: Beacon Press, 1963).
[28] Rubenfeld, *The Listening Hand*.

CASI AL PRINCIPIO DE ESTE LIBRO te prometí que no tendrías que hacer cambios radicales en tu vida –como mudarte a Hawai o entrar en un monasterio– para crear tus propios oasis. Sin embargo, mientras te detienes de vez en cuando durante el día para tomarte estos descansos de sesenta segundos, podrías descubrir que quieres hacer algunos cambios importantes.

Tal vez reconozcas que realmente quieres pasar más tiempo con tu familia, o contigo mismo, o con alguna pasión que dejaste por el camino. O tal vez te des cuenta de que realmente quieres hacer algo específico para que tu vecindario o tu mundo sean un poco mejores.

Pon atención a lo que descubres mientras realizas las Estrategias. Tal vez te des cuenta de que estás listo para dar el siguiente paso, cualquiera que éste sea, en vez de esperar hasta "que tengas tiempo".

Los psicólogos dicen que nos toma aproximadamente veintiocho días desarrollar un nuevo hábito.[29] Por lo general sugiero a las personas que participan en mi taller que hagan cada estrategia con la misma frecuencia que se cepillan los dientes. Para la mayoría de las personas, eso es tres veces al día.

---

[29] Existen varias opiniones sobre cuánto tiempo toma establecer un nuevo hábito. Afirmaciones de Jill Ammon-Wexler (www.quantumself.com) en "La verdad científica establecida por la física cuántica y la neurociencia moderna es: un nuevo hábito se crea en una fracción de un milisegundo". Reconozco que el primer paso –cambiar la dirección de un hábito– puede comenzar así de rápido, pero coin-

Así que, ¿cuánto tiempo te tomará cambiar tu cerebro, cambiar tu vida? Si hacemos números, esto sería:

4 estrategias de un minuto, 3 × día =
12 minutos al día

12 minutos al día × 6* días a la semana =
72 minutos a la semana

12 minutos al día × 28 días =
336 minutos o 5.6 horas al mes

No es una mala inversión.

* Yo sugiero que te tomes un Sabbath (descanso) hasta para practicar las Estrategias de OASIS. Si sientes que las quieres practicar los siete días de la semana, hazlo. Pero no las conviertas en una carga más que te fuerce a realizarlas cada día de la semana. El objetivo es *disfrutar* tus oasis.

AHORA YA LAS TIENES: cuatro Estrategias diseñadas para llevarte hacia el equilibrio en tu ocupado mundo.

Ahora ya sabes que el equilibrio total incluye a tu ser completo: físico, intelectual, emocional y espiritual. Ya experimentaste que lo que haces positiva o negativamente en un campo afecta a los otros automáticamente.

cido con el lapso de tiempo más generalmente aceptado de veintiocho días.

Las cuatro Estrategias OASIS te invitan a enfocarte en un campo a la vez. Y cuando centras tu atención en un área, estás beneficiando a tu ser completo. Como escribe Rubenfeld:

"El cuerpo, la mente, las emociones y el espíritu son parte de un sistema interrelacionado dinámicamente... En esencia, cada vez que se introduce un cambio en un nivel del ser de una persona, tiene un efecto de propagación por todo el sistema físico, emocional, mental y espiritual, cambiando el equilibrio de la persona completa".[30]

OASIS te ofrece caminos fáciles de seguir para cambiar tu equilibrio.

Tú eres la persona a cargo.

Tú puedes crear oasis en tu ocupada vida.

Tú no puedes detener el agobio, pero puedes vivir de forma que no te agobie.

Wall Street y el Tíbet antiguo

PUEDES ENTRENAR A TU CEREBRO para que cambie de la locura a la cordura. Está en ti decidir qué hacer con tu energía. La antigua sabiduría oriental coincide con las investigaciones occidentales y la practicidad en este importante tema. En 2002, en un artículo del periódico *Wall Street Journal*, la escritora científica Sharon Begley escribió:

[30] Rubenfeld, *The Listening Hand*, 15.

"El cerebro proporciona terreno neural dependiendo de lo que usemos más. En términos de qué circuitos se fortalecen y se agrandan, podríamos llamarlo la supervivencia del más fuerte".[31]

Ese mismo año Tenzin Gyatso, el decimocuarto Dalai Lama dijo:

"La felicidad no es una característica fija, un valor de referencia biológico que nunca cambiará. En vez de eso, el cerebro es moldeable y nuestra cuota de felicidad puede mejorarse a través del entrenamiento mental".[32]

Mi más profundo deseo es que OASIS te anime a desarrollar esas partes de tu cerebro y de tu ser completo que te traerán mejor salud y una felicidad más vibrante. Ésa es la mejor clase de equilibrio en este mundo ocupado.

Tienes tiempo.

Estás aquí y ahora.

Eso es suficiente.

---

[31] Begley, *The Wall Street Journal* (11 de octubre, 2002): B1.
[32] El Dalai Lama y Howard Cutler, *El arte de la felicidad: manual para la vida,* Nueva York: Penguin Putnam, 1998), citado en Dalai Lama y Goleman, *Emociones destructivas,* 25. El Dalai Lama añade: "Ya sea que uno crea o no en la religión, ya sea que uno crea en una u otra religión, el propósito de nuestra vida es la felicidad, el movimiento de nuestra vida es hacia la felicidad", *El arte de la felicidad,* 13.

Palabras para el camino

ESTA ES LA SABIDURÍA de la gente que he conocido –en persona, excepto a Mark Twain– por el camino. Que sus palabras les traigan alegría.

"¿Qué es lo que brilla para ti? ¡Ve por ello!".

Ilana Rubenfeld

"El ayer es historia. El mañana es un misterio. Hoy es un regalo. Por eso lo llamamos el presente".

enviado para mí por Jeanie, mi hermana pequeña

"Si no quieres que la gente se lleve tu cabra, mantén a tu cabra donde no puedan tocarla".

mi madre, Bernadine Dudine Grenough

"En cada vida debería de haber un poco de caos".

Seth Godfrey, mi vecino y bibliotecario

"Probablemente es una bendición disfrazada".

mi madre, otra vez

"Sigue pedaleando"

Maria Tupper,
mi compañera de asiento los viernes por la mañana

"Sal al mundo y hazlo con todo tu corazón. Las personas allá fuera cuentan contigo. Quieren que seas bueno".

Bobby McFerrin, ganador de un premio Grammy, a todos nosotros en su taller Omega de 1987.

"Al inhalar, calmo mi cuerpo. Al exhalar, sonrío".

Thich Nhat Hanh

"Preocuparse es como pagar intereses por un préstamo que nunca se va a terminar de pagar".

Mark Twain

"Si no puedes hacer el amor, haz la comida".

Roger Uihlein, compañero de vóleibol

Estrategias OASIS: resumen

En las siguientes cuatro páginas encontrarás una guía, paso a paso, para cada una de las cuatro Estrategias OASIS. Mantén esta guía cerca de ti –en tu auto, en tu oficina, en la barra de la cocina– en cualquier lugar donde puedas necesitar algunas estrategias rápidas y sencillas para equilibrar tu ocupado mundo.

4-D = Cuatro Direcciones
Estira tu cuerpo

1. Ponte de pie.
2. Siente tu conexión con la tierra.
3. Estira los brazos y el cuerpo completo hacia el *norte*, hacia el cielo. Repite en voz alta las palabras *norte-sur-este-oeste*, mientras realizas cada acción.
4. Inclínate hacia abajo – *sur* – hacia la tierra.
5. Ponte de pie otra vez.
6. Estírate hacia el *este* –lo más que puedas.
7. Estírate hacia el *oeste*. Recorre con la vista el horizonte completo.

C-3-R = Conteo-de-Tres-Respiraciones
Calma tu mente

1. Detén el torbellino. Sin importar dónde estés, date un poco de espacio físico. Pon las dos manos sobre el abdomen.
2. *Preventiva*: inicia con una inhalación. Absorbe algo placentero.
3. *Emergencia*: inicia con una exhalación. Libérate de la ira, la preocupación, la agitación. Deja espacio a la calma.
4. Realiza tres respiraciones profundas, despacio, suavemente.
5. Date un tiempo para disfrutar la disminución de la velocidad.

Indicador-para-hacer
Cambia tu cerebro

Cuando estés preocupado o enojado, fíjate en qué parte del cuerpo o la mente lo sientes exactamente. Después hazte estas cinco preguntas:

1. ¿Cuál es mi indicador en este momento?
2. ¿Qué es lo que me está diciendo ese indicador? ¿En qué canal está?
3. ¿Cuál es el drama actual en ese canal?
4. ¿Hay algo que pueda hacer y quiera hacer en este momento sobre esta situación?
5. ¿Qué acción sería mejor para mí en este momento?
6. Haz una elección consciente. Toma una medida definitiva.

1 Piedra
Equilibra tu ser completo

1. Toma una piedra, o cualquier objeto. Sostenlo en la mano.
2. Con los ojos abiertos, inhala y exhala despacio, diez veces.
3. Deja espacio en tu mente para que ésta realice un ciclo de enjuague.
4. Absorbe la imagen completa.
5. Disfruta tu oasis.

Agradecimientos

Q<small>UIERO DARLE LAS GRACIAS A MI FAMILIA</small>, mis amigos y mis colegas por señalarme mis oasis cuando estoy agobiada. A mi querida familia Bloom –Paul, Josh, Noah–, a la memoria de Miriam y a Jesse Sugarmann: un gran aprecio por sus chispazos únicos. A mis hermanas y hermanos de sangre Jean, Rose, Mary, Rich, Vince y John, gracias por mantener viva la sabiduría cultivada en casa por papá y mamá.

Mi más calurosa gratitud a los muchos 'compañeros latinos' que me ayudaron a redescubrir la música y la pasión durante mis seis años en América Latina y Europa. A mis clientes de orientación, participantes en mis talleres, estudiantes del Instituto Chautauqua, colegas de Rubenfeld Synergy y EMDR, a los colegas de la Clínica Hispánica, los graduados de *Women's Power* (Mujeres al Poder) y *Sing it!* (¡Cántalo!), ustedes me deleitan. Estoy en deuda con todos ustedes por aumentar la practicidad de mis conocimientos y la riqueza de mi vida.

Lynda Ashby Ludy, agente extraordinaria, gracias por emitir tu luz sobre este libro y sobre mí. Jane Baron Rechtman, esas cenas y pláticas telefónicas son invaluables: eres la mejor amiga que alguien podría pedir. Cookie Polan, Sonje Williams, Bernie Coyne, Lexi Johnson, Kate Smalley, Samson Ah-Fu Chow y John Holland, su entusiasmo y consejos prácticos me mantuvieron equilibrada.

Gracias a Carol Brown y Seth Godfrey de la Bibioteca Pública Gratuita de New Haven, a Lenny Yanavich y el equipo de Rimage, y a Don, Kik y Ro de Tyco Copy por su asistencia siempre atenta y su buen humor. Joe FitzGerald y Alice Schumacher, por más paseos en bicicleta.

Tony Rescigno, Gar Rowbotham, Janet Testa, Patti Scussel, Betsy Herlihy, Tony Rossley y a todos en la Noble Cámara de Comercio de New Haven, su apoyo me mantuvo a flote. Por sus comentarios en los diferentes borradores, agradezco a Karen Baar, Lynn Fredricksen, Suzanne Grenager, Phil Haskell y Peter Yacavone.

Joy Bush, tus fotos han aparecido en los periódicos *The New York Times*, *The Village Voice*, *Connecticut Review* y muchas otras publicaciones. Estoy fascinada de que le añadan belleza y fantasía a este libro.

Un aprecio muy especial a mis maestros Ilana Rubenfeld, Thich Nhat Hanh, Jon Kabat-Zinn, Francine Shapiro y mi guía indonesia Lous Verdier Reyerse. Su sabiduría continúa iluminando mi vida diaria.

Qué comenta la gente sobre *Oasis*

"Una guía excelente para personas tipo A como yo, que quieren métodos rápidos y prácticos para manejar el estrés. ¡En verdad funciona!"

Brad Aldrich, P.E., Vicepresidente de
Forcier Aldrich y Asociados, Ingenieros Consultores

"Dentro de este pequeño libro hay un gran regalo. Decide leerlo ahora, préstale atención y será un tesoro perdurable para la persona en la que te convertirás algún día. Los cuatro sencillos, suaves y científicos ejercicios, te proporcionarán fuerza y forma a tu yo futuro, quien mirará hacia atrás y agradecerá al yo que eres hoy por espabilarte y encontrar caminos simples para tener un cuerpo y alma saludables".

Sidney MacDonald Baker, M.D., Profesor Emérito de
Biología y Estudios Medioambientales, Universidad
de Yale. Autor de *Desintoxicación y curación*
y *La prescripción circadiana*.

"Lo que leí me hace sentir como si me conocieras y estuvieras escribiendo sobre mi vida".

Nancy Weber, *What I see* (Lo que veo).

"Millie hizo un trabajo magnífico iluminando la realidad de las presiones actuales y proporcionándonos una gran receta y una guía para ayudarnos a desarrollar ese oasis personal que todos necesitamos. Escrito en un estilo fácil y relajante, ¡éste es un libro que debe leerse y ponerse en acción! Gracias por ayudarme a encontrar mi oasis. ¡Lo necesitaba!"

Barry Foster, Director del Centro
Corporativo de Orientación

"Tu libro es encantador, claro y práctico".

Esperanza Díaz, M.D., Directora Médica de
Clínica Hispana.Profesora asociada de psiquiatría,
Escuela de Medicina de la Universidad de Yale.

"El trabajo de Millie Grenough está al margen del liderazgo de la salud dinámica para aquellos que están intentando lograr un avance en su expresión interna. Su trabajo ha ayudado a gente de todo el mundo durante años y yo he experimentado su dinamismo como cliente y como colega".

David Darling, Chelista, compositor.
Fundador de Música para la Gente.

"Me divertí mucho leyendo tu libro ayer por la noche. Para mí, llegó en el momento adecuado, pues acabo de celebrar un cumpleaños que marcó un hito y estoy haciéndome muchas preguntas sobre lo que quiero hacer con el resto de mi vida. El libro es fácil de leer y atractivo para los lectores. Está lleno de excelente información. Me enganchó desde el principio. El tono es excelente –no sermonea al lector– y la información se presenta de tal manera que hace que uno quiera continuar y aprender más de cada estrategia".

Cynthia A. Mariani, Directora de Comunicaciones, Fundación Comunitaria para un Asilo Nuevo Mejor.

"Una de las razones por las que creo que muchas personas adorarán OASIS es porque, simplemente, organiza varias corrientes de pensamiento, métodos y prácticas que personas, como yo, hemos estado usando de una manera poco metódica para intentar mantenernos cuerdos".

Anne Tyler Calabresi, voluntaria comunitaria.

"Creo que podría usar este libro como una referencia constante para todos los días".

Woody Powell, Director Ejecutivo, Veteranos por la Paz.

"Sólo quiero decir que el título ME ENCANTA. En cuanto lo leí me sentí más tranquila. Esa sola palabra es en cierto modo un mantra que de inmediato evoca sentimientos de paz y refugio. LO AMO".

Mimi Houston, escritora independiente, mamá de tres niños pequeños.

"A nosotros, los trabajadores compulsivos en recuperación, Millie nos proporciona un servicio invaluable al guiarnos para ser más efectivos en nuestro lugar de trabajo y además ayudarnos a ubicar el trabajo en un lugar más adecuado dentro del marco de nuestras vidas".

David Nee, Director Ejecutivo,
Fundación Memorial William Caspar Graustein

"¡¿Cómo supiste que necesitaba este libro justo en ESTE MOMENTO?! Tiene el enfoque de una conversación inmediata y fresca para el lector. Tomas la vida como maestra, y atraes al lector exactamente como si estuvieras ahí, instruyéndolo. ¡Maravilloso!"

Lynn Chapman-Adler, ejecutiva retirada.

"Pienso regalar este libro a otras personas porque nos presenta estrategias simples y sensibles para crear un espacio de serenidad en nuestras vidas. Y eso vale la pena compartirlo".

Cyn Chegwidden, MBA, Gerente de
Campo de Marketing de Maestrías de la Milicia.

"El aprendizaje más significativo que me llevo es el concepto de que el estrés es una parte natural de la vida. He estado trabajando sobre cómo enfrento el estrés todos los días. Ahora me doy cuenta que es una bendición verse enfrentado a las tensiones que hay en mi vida. Mi reto es manejarlas en vez de lamentarme por ellas. Gracias por abrirme los ojos a una forma diferente de ver".

Sonjia Smith, activista comunitaria, mamá de cuatro hijos.

"Millie Grenough ofrece un grato oasis para nuestro alocado ritmo. Grenough trae toda su vasta experiencia académica y personal para ofrecernos cuatro sencillas habilidades que pueden ser aplicadas en cualquier lugar por cualquier persona".

Jane Larson de Torras,
consultora de lenguaje, Barcelona.

"En nuestro cada vez más complejo mundo, cualquier libro nuevo sobre estrés y cómo lidiar con él debe ser recibido con los brazos abiertos. *OASIS* sugiere unos sencillos pasos que toda persona puede dominar sin importar su edad o rubro de la vida. Y funciona".

Elayne Phillips, Directora Teatral,
Academia Suiza de Teatro Musical.

"¿Buscas un poco de equilibrio en el caos diario? Las estrategias *OASIS* te proporcionan pequeños descansos de sesenta segundos en medio de la locura de la vida; y, como gratificación adicional, son ideas prácticas para ser más feliz".

Jim Donovan, autor de *Manual para una vida más feliz: Una guía sencilla para crear la vida que siempre quisiste*.

"Ahora uso la estrategia C-3-R con regularidad y he notado una mejoría definitiva e inmediata mientras circulo por mis ajetreados días liderando a mi personal".

Ginger Mierzejewski,
Gerente de Sistemas Americanos de Pago.

"Reconocer y darle voz a nuestro estrés, como a nuestros prejuicios, nos permite lidiar con ellos y llevar a cabo las acciones necesarias. *OASIS* reconoce que a pesar de que el estrés es parte de la vida, necesitamos descansar y recargar las pilas, aunque sea por unos cuantos minutos".

Elise Klein, Presidente de Maestros
Contra los Prejuicios.

"¡Imagínate un grupo de ejecutivos sentados alrededor de una mesa de conferencias, haciendo respiraciones profundas en silencio, mientras miran una piedra! No pude más que sonreír mientras era testigo, de primera mano, de la transformación de energía caótica y estresada en un estado de relajación, calma y con un enfoque de sesenta segundos. Ellos adoptaron una de las estrategias que Millie ofrece en su brillante y útil libro, *OASIS*".

Carole Jacoby, Maestra Capacitadora Certificada,
Presidenta de Life Visions.

"Se lee tan suavemente como una piedra de río japonesa. Es tan fácil de entender que quise leerlo de principio a fin".

Bonnie Muller, LCSW, Sinergista
Rubenfeld Certificada.

Bibliografía

Albom, Mitch. *Tuesday with Morrie: An Old Man, a Young Man, and Life's Greatest Lesson* (Un martes con Morrie: un hombre viejo, un hombre joven y la lección más grande de la vida). Nueva York: Bantam Doubleday, 1997.

Berra, Yogi. *The Yogi Book: "I Really Didn't Say Everything I Said!"* (El libro de Yogi: "¡De verdad no dije todo lo que dije!"). Nueva York: Workman Publishing, 1998.

Borysenko, Joan. *Inner Peace for Busy People: 52 Simple Strategies for Transforming Your Life* (Paz interior para gente ocupada: 52 estrategias sencillas para transformar tu vida). Carlsbad, CA: Hay House, 2003.

Carlson, Richard. *Don't Sweat the Small Stuff (series)* (No te preocupes por las cosas pequeñas). Nueva York: Hyperion, 1997.

Dalai Lama y Goleman, Daniel. *Destructive Emotions: How Can We Overcome Them?* (Emociones destructivas: ¿Cómo sobreponernos a ellas?). Nueva York: Bantam Books, 2003.

Geber, Sara Zeff. *How to Manage Stress for Success.* (Cómo manejar el estrés para el éxito). Work

Smart Series. Nueva York: American Management Association, 1996.

Goleman, Daniel. *Emotional Intelligence: Why It Can Matter More than I.Q.* (Inteligencia emocional: por qué puede importar más que el CI). Nueva York: Bantam Books, 1995.

_____, y Boyatziz, Richard y McKee, Annie. *Primal Leadership: Realizing the Power of Emotional Intelligence* (Liderazgo primario: entendiendo el poder de la inteligencia emocional). Boston: Harvard Business School Press, 2002.

Kabat-Zinn, Jon. *Full Catastrophe Living: Using the Wisdom of Your Body and Mind to Face Stress, Pain, and Illness* (Viviendo en la catástrofe completa: usa la sabiduría de tu cuerpo y tu mente para enfrentar el estrés, el dolor y la enfermedad), libro y casetes. Nueva York: Delta, 1990.

_____. *Wherever You Go, There You Are: Mindfulness Meditation in Everyday Life* (A donde quiera que vayas, ahí estarás: meditaciones profundas para la vida diaria), libro y casetes. Nueva York: Hyperion, 1995.

Nhat Hanh, Thich. *Peace Is Every Step: The Path of Mindfulness in Everyday Life* (La paz es cada paso: el camino de la conciencia en la vida diaria). Nueva York: Bantam Books, 1992, y muchos otros libros del autor.

Richardson, Cheryl. *Take Time For Your Life* (Tómate un tiempo para tu vida), libro y casetes. Nueva York: Broadway Books, 1999.

Rubenfeld, Ilana. *The Listening Hand: Self-Healing Through the Rubenfeld Synergy Method of Talk and Touch* (La mano que escucha: autocuración a través del método de sinergia Rubenfeld de hablar y tocar). Nueva York: Bantam Books, 2000.

Salovey, Peter, Mayer, John D. y Brackett, Marc A. *Emotional Intelligence: Key Readings on the Mayer and Salovey Model* (Inteligencia emocional: lecturas clave del modelo Meyer y Salovey). Port Chester, NY: National Professional Resources, 2004.

Sapolsky, Robert M. *Why Zebras Don't Get Ulcers: An Updated Guide to Stress, Stress-Related Diseases, and Coping* (Por qué las cebras no tienen úlceras: guía actualizada sobre el estrés, enfermedades relacionadas con el estrés y cómo lidiar con él). Nueva York: W.H. Freeman & Co., 1998.

Schwartz, Jeffrey M. y Begley, Sharon. *The Mind and the Brain: Neuroplasticity and the Power of Mental Force* (La mente y el cerebro: neuroplasticidad y el poder de la fuerza mental). Nueva York: Regan Books, impreso por HarperCollins Publishers, 2002.

Seaward, Brian Luke. *Stressed Is Desserts Spelled Backwards* (Estresado es postre al revés). Berkeley, CA: Conari Press, 1999.

Selye, Hans. *The Stress of Life* (El estrés de la vida), 2a. ed. Nueva York: McGraw-Hill, 1978.

____. *Stress Without Distress* (Estrés sin angustia). Nueva York: Signet Book, 1991.

Shapiro, Francine. *Eye Movement Desensitization and Reprocessing* (Movimiento ocular, desensibilización y reprocesamiento), 2a. ed. Nueva York: The Guilford Press, 2001.

Siegel, Bernie. *Love, Medicine and Miracles: Lessons Learned about Self-Healing from a Surgeon's Experience with Exceptional Patients* (Amor, medicina y milagros: lecciones aprendidas sobre autosanación, de la experiencia de un cirujano con pacientes excepcionales). Nueva York: Harper-Collins Publishers, 1998.

_____. *365 Prescriptions for the Soul: Daily Messages of Inspiration, Hope, and Love* (365 recetas para el alma: mensajes diarios de inspiración, esperanza y amor). Novato, CA: New World Library, 2004.

Índice

Ponte en contacto con nosotros

OASIS
1440 Whalley Avenue, # 211
New Haven, CT 06515-1144, Estados Unidos
www.oasisintheoverwhelm.com
correo electrónico:
orders@oasisintheoverwhelm.com
teléfono (203) 888-4733 - Estados Unidos

Para información sobre la autora Millie Grenough y servicios que incluyen:
- Orientación
- Consultoría
- Discursos de apertura
- Entrenamientos OASIS
- Retiros
- Seminarios y Talleres

Favor de dirigirse a los contactos anteriores +
www.grenough.com

Si OASIS ha creado una diferencia en tu vida, o si tienes alguna pregunta, sugerencia o comentario, nos encantaría escucharte. Escríbenos a la dirección anterior o envíanos un correo electrónico a info@oasisintheoverwhelm.com